本书是浙江省哲学社会科学规划课题"数字金融驱动
长三角民营企业技术创新的模式、效应与政策研究"
（项目编号：22NDJC173YB）的研究成果

数字金融驱动
长三角民营企业技术创新的
机理、效应与政策

孙平　蒋天颖　著

中国财经出版传媒集团

经济科学出版社

Economic Science Press

北京

图书在版编目（CIP）数据

数字金融驱动长三角民营企业技术创新的机理、效应
与政策／孙平，蒋天颖著 . -- 北京：经济科学出版社，
2023.10

ISBN 978 - 7 - 5218 - 4948 - 6

Ⅰ. ①数⋯　Ⅱ. ①孙⋯ ②蒋⋯　Ⅲ. ①长江三角洲 -
民营企业 - 企业创新 - 研究　Ⅳ. ①F279.275

中国国家版本馆 CIP 数据核字（2023）第 131892 号

责任编辑：周胜婷
责任校对：蒋子明
责任印制：张佳裕

数字金融驱动长三角民营企业技术创新的机理、效应与政策

孙　平　蒋天颖　著

经济科学出版社出版、发行　新华书店经销

社址：北京市海淀区阜成路甲 28 号　邮编：100142

总编部电话：010 - 88191217　发行部电话：010 - 88191522

网址：www. esp. com. cn

电子邮箱：esp@ esp. com. cn

天猫网店：经济科学出版社旗舰店

网址：http: // jjkxcbs. tmall. com

固安华明印业有限公司印装

710 × 1000　16 开　17.5 印张　200000 字

2023 年 10 月第 1 版　2023 年 10 月第 1 次印刷

ISBN 978 - 7 - 5218 - 4948 - 6　定价：92.00 元

（图书出现印装问题，本社负责调换。电话：010 - 88191545）

（版权所有　侵权必究　打击盗版　举报热线：010 - 88191661

QQ：2242791300　营销中心电话：010 - 88191537

电子邮箱：dbts@ esp. com. cn）

前　言

　　当前，世界经济形势的不确定性逐渐增大，我国经济进入新旧动能转换的关键期，创新驱动内涵式增长已然成为经济高质量发展的必然选择。民营企业以其巨大的体量优势，成为实现创新驱动、科技强国目标的重要载体。长三角地区是我国民营经济最为发达的地区之一，也是产业集聚的主要地区之一，但是长三角地区民营企业技术创新还存在着"策略迎合""高速低质"等现象，传统金融体系的资源配置不合理、流动性分层、要素价格扭曲等现象也让不少民营企业面临创新融资难、创新意愿低、创新风险高等困境。如何保证民营企业技术创新研发资金注入的有效性和持续性，已经成为长三角地区各级政府引导、支持民营企业开展技术创新活动进而提升区域创新水平需要解决的重要问题之一。

　　近年来，长三角各级政府积极推动大数据、人工智能、云计算、区块链等高端技术的发展，鼓励多元化的金融业态，给予数字金融一定的容错空间，助力数字金融服务实体经济的能力深度衍化，更好地发挥数字金融低成本、便利性与信用化的普惠特征。为顺应民营企业技术创新的需求，在风险控制的基础上，金融机构也积极运用新型技术突破传统授信模式，有效联合多方力量搭建跨部门多层级数据共享中心，打通信息孤岛，做好连通"金融机构—民营企业"之间的桥梁。并充分利用各类数据平台，精准刻画民营企业信用及经营状况，为民营企业提供高附加值服务，有力支持了民营企业技术创新活动。

从融资约束角度来看，数字金融运用数字技术收集与分析多样化的数据，实现高效、低成本的信用评估，有效缓解了民营企业融资过程中的信息不对称问题。此外，数字金融的发展过程中的多元化融资模式极大地丰富了民营企业的融资选择，提高了民营企业的金融资源可得性的同时，也提升了其技术创新投入的意愿和行动。从风险承担角度来看，数字金融依托其数字属性，可以以更低的成本和更快的速度处理海量数据，增强信息用户获取信息的广度和深度，降低信息获取和处理成本，减少信息不对称，提高了民营企业风险承担水平，驱动了其技术创新行为。从消费升级角度来看，数字金融凭借其便捷性服务场景、新一代信息科技应用与多渠道金融支撑等一系列方式，拉动与助力消费经济迭代，促进消费结构的升级和多样性，提高了民营企业的销售收入，进而促进其技术创新水平。

本书是浙江省社科规划课题"数字金融驱动长三角民营企业技术创新的模式、效应与政策研究"（项目编号：22NDJC173YB）的研究成果。全书共分为10章。第1章为绪论，主要介绍本书的研究背景、研究目标、研究内容、研究方法以及学术和应用价值。第 2 章借助 Citespace 软件从发文数量、关键词共现、研究聚类等方面，分别探讨国内外数字金融与企业技术创新的研究热点与发展趋势。第 3 章从国内外数字金融发展历程与特征、数字金融风险与监管理论、数字金融的经济与社会效应、技术创新的内涵特征与模式、民营企业技术创新的影响因素、金融发展对企业技术创新的影响等 6 个方面，阐述相关理论基础。第 4 章基于"金融机构—企业行为—消费市场"分析框架，提出数字金融驱动民营企业技术创新的直接影响机制和间接影响机制。第 5 章运用核密度估计、全局空间自相关、收敛性分析等经济地理方法，分析长三角数字金融发展与民营企业技术创新的时空演变特征与差异收敛规律。第 6 章分析数字金融对民营企业技术创新的直接驱动机理，实证检验数字金融对民营企业技术创新的驱动效应，并进一步分析数字金融分维度、区域、高管金融背景、高新技术认定、企业生命周期等的异质性问题。第 7 章提出基于融资约束的间接驱动理论假设，并运用长三角数据实证检验与比较分析区域内各省（市）融资约束的间接效应。第 8 章提出基于风险承担的间接驱动理论假设，并运用长三角数据实证检验与比较分析区域内各省（市）风险承担的间接效应。第 9 章提出基于消费升级的间接驱动理论假设，并运用长三角数据实证检验与比较分析区域内各省（市）消费升级的间接效应。第 10 章从构建现代数字金融体系、优化民营企业创新环境、推进金融与科技深度融合、加强数字金融监管、培育数据和人才要素以及实施差异化区域政策等方面提出提升长三角数字金融创新驱动效应的相关政策思考和建议。

全书由宁波财经学院孙平副教授总体负责撰写和出版相关工作，蒋天颖教授参加了第 2 章、第 7 章等部分章节的撰写工作。在本书的撰写过程中，浙江工业大学池仁勇教授，浙大宁波理工学院鞠芳辉教授以及云南财经大学钟昌标教授提出了许多精辟的见解和宝贵的修改意见，在此一并表示衷心的感谢。

本书得到了宁波财经学院应用经济学省一流学科建设以及宁波财经学院数字经济硕士学位培育点的出版资助，在此深表感谢。还要衷心感谢经济科学出版社为本书顺利出版付出的大量心血和努力。

由于作者水平有限，书中可能存在一些不足，敬请广大专家和读者批评指正。

作　者

2023 年 9 月

目　　录

第1章 绪 论

1.1 研究背景与目标

1.1.1 研究背景

党的二十大报告指出，要"强化企业科技创新主体地位，发挥科技型骨干企业引领支撑作用，营造有利于科技型中小微企业成长的良好环境"。2021年3月我国发布的《中华人民共和国国民经济和社会发展第十四个五年规划和2035年远景目标纲要》强调"发挥大企业引领支撑作用，支持创新型中小微企业成长为创新重要发源地，加强共性技术平台建设，推动产业链上中下游、大中小企业融通创新"。长三角民营企业以其巨大的体量优势，不仅成为区域经济增长的重要动力，更成为促进技术创新的重要力量。

技术创新是企业经济效益的基础，是企业高质量发展不可或缺的因素。但与一般投资项目相比，技术创新具有投入成本高、过程不可逆、产出不确定等一系列特征，是一项信息不对称、高风险、高回报的经济活动。因此，企业创新活动资金筹措难度较大，容易受到融资约束的制约。同时，由于现有金融体系存在不完善、门槛高、不稳健等问题，导致金融资源存在资源配置不合理、流动性分层、要素价格扭曲等现象，民营企业面临着更为严重的融资约束与财务风险等问题，如何保证长三角民营企业创新研发资金注入的有效性和持续性，已经成为长三角地区各级政府引导、支持民营企业开展技术创新研发活动进而提升区域创新水平提升的重要问题之一。

数字金融作为数字经济的重要组成部分，代表了全球金融业发展的新方向，作为一种高效、覆盖面广的全新金融模式，为解决长三角民营企业技术研发创新的融资约束以及财务风险等问题带来了新契机。首先，数字金融以数字技术获取借贷双方的信息，使得信贷资金筹措市场更为公开与透明化，降低了金融市场的信息不对称问题，提高了金融服务效率。其次，数字金融的产生与发展变革补充了传统金融，对现阶段金融体系产生增量与补充的作用，提高了金融资源的配置效率，有力促进了金融市场化。最后，数字金融建立了全新的服务模式，拓宽了企业融资渠道，使得金融发展进入普惠阶段，以更广的覆盖面、更低的服务成本对小微企业、民营企业技术创新产生了积极的促进作用。

那么，长三角数字金融的发展现状怎样？数字金融推进长三角民营企业技术创新的机制是怎样的？数字金融推进长三角民营企业技术创新的效果如何？数字金融驱动长三角民营企业技术创新还有哪些间接路径？采取哪些政策措施能有效激发数字金融推进民营企业技术创新？基于这些问题，本书拟在科学评估数字金融的基础上，系统分析数字金融驱动长三角民营企业技术创新的机制，估算其直接和间接驱动效应，并提出相应政策建议。课题研究对提升数字金融支持长三角区域民营企业技术创新的有效性和科学性，完善金融体制改革具有重要的理论价值和现实意义。

1.1.2 研究目标

本书研究的主要目的是：系统梳理学术界关于数字金融驱动民营企业技术创新的相关文献；探讨分析数字金融驱动民营企业技术创新的内在机理；运用经济地理学的方法，分析长三角地区数字金融与民营企业技术创新的时空演化特征；运用多元回归模型、双重差分模型、分位数回归模型等模型探索分析数字金融与长三角民营企业之间的直接驱动关系与异质性问题；基于融资约束、风险承担与消费升级中介变量，实证检验它们在数字金融驱动长三角民营企业技术创新中的间接效应；根据研究结论提出充分发挥数字金融创新驱动效应的政策建议。

1.2 研究思路与主要内容

本书立足长三角区域，围绕数字金融和民营企业技术创新两个关键词,按"文献研究→比较研究→理论建构→实证研究→政策研究"的思路展开相关研究。

本书的主要内容安排如下:

第1章为绪论。首先,介绍本书的研究背景,并由此提出研究目标;然后,介绍本书的研究思路和主要内容,以及本书所涉及的一系列研究方法,包括探索性空间分析、分位数回归、中介效应模型、双重差分方法、空间计量方法等;最后,介绍本书的学术和应用价值。

第2章为数字金融和企业技术创新的研究趋势。本章借助 Citespace 软件,分别探讨国内外数字金融与技术创新的研究热点与发展趋势。首先,介绍文献数据来源与研究方法;然后,从发文数量、高产国家、高产机构、学术期刊等方面分析文献分布情况;最后,分析领域内的关键词共现、研究聚类与突现词等,以揭示发展脉络与研究热点。

第3章为相关理论基础。本章从国内外数字金融发展历程与特征、数字金融风险与监管理论、数字金融的经济与社会效应、技术创新的内涵特征与模式、民营企业技术创新的影响因素、金融发展对企业技术创新的影响等六个方面构建本书的相关理论基础。

第4章为数字金融对民营企业技术创新的驱动机理。本章在对数字金融核心特征系统总结的基础上,立足"金融机构—企业行为—消费市场"分析框架,构建数字金融驱动民营企业技术创新的直接影响机制和间接影响机制。

第5章为长三角数字金融与民营企业技术创新时空演化

特征。首先，介绍核密度估计、全局空间自相关、收敛性分析等经济地理方法；然后，分别分析数字金融与民营企业技术创新的时空演变特征；最后，分别分析数字金融与民营企业技术创新的差异收敛规律。

第 6 章为数字金融对长三角民营企业技术创新的直接效应。首先，基于理论分析提出数字金融对民营企业技术创新的驱动机理假设；然后，实证检验数字金融对长三角民营企业技术创新的直接作用效果，并采用一系列方法检验实证结果的稳健性；最后，检验数字金融分维度、区域、高管金融背景、高新技术认定、企业生命周期等的异质性问题。

第 7 章为融资约束间接驱动效应。首先，提出基于融资约束的间接驱动理论假设，介绍模型设定与变量定义；然后，实证检验融资约束机制及其区域异质性；最后，比较分析长三角区域各省（市）融资约束的间接效应。

第 8 章为风险承担间接驱动效应。首先，提出基于风险承担的间接驱动理论假设，介绍模型设定与变量定义；然后，实证检验风险承担机制及其区域异质性；最后，比较长三角区域分析各省（市）风险承担的间接效应。

第 9 章为消费升级间接驱动效应。首先，提出基于消费升级的间接驱动理论假设，介绍模型设定与变量定义；然后，实证检验消费升级机制及其区域异质性；最后，比较分析长三角区域各省（市）消费升级的间接效应。

第 10 章为提升长三角数字金融创新驱动效应的政策建议。本章从构建现代数字金融体系、优化民营企业创新环境、推进金融与科技深度融合、加强数字金融监管、培育数据和人才要素以及实施差异化区域政策等方面提出提升长三角数字金融创新驱动效应的相关政策思考和建议。

1.3 学术与应用价值

1.3.1 本书的学术价值

本书基于空间经济学视角，运用探索性空间数据与收敛模型分析数字金融与民营企业技术创新的时空演化特征。在此基础上，考察数字金融驱动长三角民营企业技术创新的机理并进行计量检验，探索数字金融驱动长三角民营企业技术创新的直接和间接路径，为相关研究提供了一种新视角和新思想。此外，鉴于"数字金融""民营企业技术创新""融资约束""风险承担""消费升级"等概念在计量经济模型中的内生性，在分析数字金融的创新激励影响和效果时，本课题采用双重差分、工具变量、异质性分析等一系列方法进行稳健性与内生性检验，使研究结论更加可靠。

1.3.2 本书的应用价值

第一，为"中国制造2025"战略从"数字经济"角度提供决策思路与方案。对数字金融驱动长三角民营企业技术创新效应的科学测度及比较分析，有利于长三角民营企业进一步提升技术创新研发投入，加快"数字化"转型升级步伐，并为数字经济和实体经济的深度融合发展提供一种新思路。第二，为长三角各级政府进一步深化金融体制改革，增强金融服务实体经济能力提供科学依据。研究有利于准确诊断数字金融对长三角民营企业技术创新激励效应的内源动力和外部影响，为长三角各级政府进一步深化金融体制改革，全面提升数字经济发展水平提供决策支持和借鉴。

1.4　主要研究方法

本书将有机结合产业经济学、新经济地理学、空间计量学、金融学等多学科研究方法建立模型，分析数字金融对民营企业技术创新的空间联系、影响机理与异质性问题，这是该领域研究方法上的新尝试。

1.4.1　文献计量分析

本书选取 Citespace 软件对数字金融与企业技术创新相关文献进行国家、机构、作者合作分析，关键词的共现、聚类与突现分析等，并将相关领域现有的研究成果转化为可视化的知识图谱；最后，通过定性和定量相结合的方法对数据进行进一步的挖掘，总结并提炼数字金融与技术创新领域的研究热点、演进路径及发展趋势。

1.4.2 核密度估计法

核密度估计作为一种非参数估计方法，由罗森布拉特（Rosenblatt，1955）首先提出。该方法将研究变量的数据转化为密度曲线的形式，刻画出数据的具体分布形态。核密度估计能随意设定函数形式，变量分布形式受到的约束相对较少。相比较其他估计方法，核密度估计有着较强的适应性，能够得到更为广泛与普遍性的结论。

1.4.3 全局空间自相关

全局空间自相关主要运用 Moran's I 指数与 Getis-Ord General G 指数（简称 G 指数）。全局 Moran's I 指数主要用以测度区域间某个属性值的空间自相关情况，进而反映邻接区域的空间相似程度。全局 G 指数也是用于测度区域间某个属性值的全局聚类情况的常用方法，其主要用以验证研究区域间某个属性值是否存在高值集聚或是低值集聚。

1.4.4 收敛性分析

σ 收敛是指研究对象属性值的标准差随着时间的推移而不断缩小。绝对 β 收敛是指属性值的增长只依赖于其初始值，即不控制其他因素的情况下，所有地区最终都将趋近于同一水平。条件 β 收敛是指由于不同地区间基础条件的差异性，收敛情况可能会随着外部其他因素的变化而变化，进而不同地区会呈现出不同的稳态。

1.4.5 分位数回归模型

分位数回归利用解释变量多个分位数来得到被解释变量条件分布相应的分位数方程。相比较于传统的最小二乘回归，分位数回归模型更能精确地描述自变量对因变量的变化范围以及条件分布形状的影响，同时，分位数回归能够捕捉分布的尾部特征，回归系数估计比 OLS 回归系数估计更稳健。

1.4.6 双重差分模型

双重差分法（DID）是国内外学界常用的一种政策效应评估方法，该方法的主要思想是将政策看作一项外生于经济系统的"自然实验"或"准自然实验"。政策的实施，会对实验组与对照组分别产生不同程度的影响，利用该双重差异所做的计量模型分析，能够较好把控其他政策的干扰及实验组与对照组的事前差异，有助于辨别政策冲击对研究对象产生的净效应。

第 2 章 数字金融和企业技术
创新的研究趋势

《中华人民共和国国民经济和社会发展第十四个五年规划和 2035 年远景目标纲要》指出"构建金融有效支持实体经济的体制机制"。党的二十大报告进一步强调,"加快发展数字经济,促进数字经济和实体经济深度融合"。数字金融作为数字经济的重要组成部分,代表了全球金融业发展的新方向,作为一种高效、覆盖面广的全新金融模式,为解决企业技术研发创新的融资约束以及财务风险等问题带来了新契机。那么,数字金融的蓬勃发展能否提升企业技术创新质量呢?在我国数字金融蓬勃发展的大背景下,探讨这些问题具有重要的理论与现实意义。

基于此,本章聚焦于数字金融与企业技术创新两大主题,就两者的研究热点与趋势,运用 Citespace V 软件进行分析,以展示数字金融与企业技术创新的总体研究框架和基本发展脉络,力图通过梳理总结和对比分析国内外数字金融与企业技术创新的研究成果,为后续相关研究提供启示和借鉴。

2.1　数字金融研究热点与趋势

当前，各国政府都非常重视数字金融的发展，美国、英国、新加坡等发达国家陆续制订并出台金融科技创新计划，成立相关组织，推动数字金融发展。英美等发达国家作为当前数字金融发展领先的国家，其成功经验对我国补齐数字金融发展短板，实现数字金融产业繁荣健康发展具有一定的借鉴意义。

迄今为止，已经有相当数量的数字金融领域的研究成果在国际顶级期刊上发表，但研究内容相对分散，仍缺乏对"数字金融"的系统性研究。虽然也有部分文献尝试对此进行归纳总结，但大都局限于传统的文献综述方法，只有少部分学者用可视化图谱的文献计量方法对该领域进行系统性研究。据此，本书运用文献计量的方法全面、系统地梳理总结了 2015 年至 2023 年 5 月的美国科学情报研究所的 Web Of Science（WOS）与中国知网数据库（CNKI）收录的数字金融相关文献。

2.1.1　研究设计

考虑到 Web Of Science 的英文期刊全文数据库与中文文献的中国知网数据库（以下简称 CNKI 数据库）的文献数量较多，质量较高，同时具有完整的引文网络，本书选取 WOS 数据库与 CNKI 数据库进行可视化分析，检索时间为：1991 ~ 2023 年，检索截止时间为 2023 年 5 月 20 日。文献检索方面，英文文献以 WOS 的核心合集为数据源，设定检索条件为：AK = （"Digital Finance" or Fintech），精炼条件设定方面，语言为"English"，文献类型为"Article"。中文文献以 CNKI 数据库中的 CSSCI、CSCD 和中文核心期刊为数据源，设定检索条件为：SU = （数字金融 or 金融科技）。对检索文献进行筛选，剔除征稿通知、研究机构介绍等无效文献，删减与研究主题不相关的文献，最终得到 1373 篇英文文献和 447 篇中文文献。本书以搜集的中英文文献为基础，梳理和对比分析数字金融的研究热点和趋势。

统计历年来中英文数字金融相关文献的数量，绘制成文献时间分布图（见图 2 - 1），以分析发展历程与预测发展趋势。

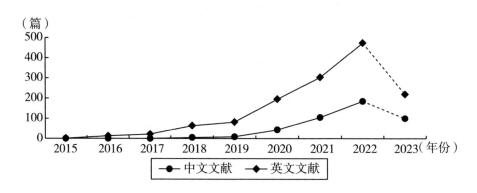

图 2 - 1　数字金融领域研究文献分布

注：2023 年只统计到 5 月份，图中用虚线表示。

由图 2 - 1 可知，国内外数字金融的发展历程虽存在一定程度的差异性，但总体趋势相似，呈现出上升趋势。国外数字金融研究的起步略早于国内，在 2015 年国外就有 1 篇相关文献的发表，国内到 2018 年才出现首篇相关文献，但无论是国内还是国外，在 2015～2019 年间，仅有少数学者关注数字金融。2019 年以后，学者们逐渐把更多注意力转移到数字金融领域，年发文量有明显的上升趋势。2022 年，国外数字金融发文量由 2019 年的 82 篇增长至 473 篇，国内数字金融发文量也由 2019 年的 9 篇增长至 185 篇，呈现指数爆炸型增长，直至 2023 年，仍维持较强的增长趋势。依据技术成熟度理论，技术的累积曲线最终会呈现出 S 型曲线，从当前累计发文量的趋势来看，当前的数字金融研究还未达到峰值。

本书以搜集整理的数字金融领域 1373 篇英文文献、447 篇中文文献为研究样本，通过绘制国内外数字金融领域的国家、作者、机构合作网络图谱，与关键词共现、突现图谱对比分析国内外数字金融研究的关键节点、演进路径和学科前沿，以期为国内外相关研究提供借鉴和参考。

相比较于其他可视化工具，Citespace V 软件在处理分析数据、捕获细节矩阵、可视化抽象信息方面有显著优势。据此，本书选取 Citespace V 软件揭示和分析探讨数字金融的研究全貌和发展动态。

2.1.2　数字金融研究基本情况

1. 数字金融领域高产国家分布情况

运用 Citespace V 的国家合作网络分析功能，考察数字金融研究的国家分布情况（见图2－2），图中节点的大小代表发文频次的大小，外圈的厚度代表中心性的大小。由图2－2可知，数字金融的主要研究阵地在中国、美国与英国，三国的总发文数量占所有成果的半数以上，这与近年来三国电商行业的高速发展密切相关。总发文量较多的还有澳大利亚、马来西亚、意大利、印度等。从中心性角度看，英国、中国与美国中心度较高。总体而言，发文数量较多的国家之间的合作并不多，存在着一定程度的学术壁垒现象。为了更详细地展示不同国家在研究领域的学术影响力，本书将具体的发文量和中心性数据单独列出，如表2－1所示。

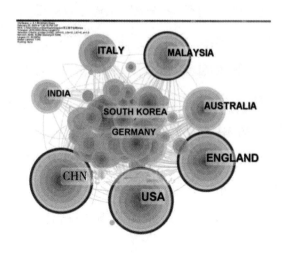

图2－2　数字金融研究高产国家可视化图谱

由表2－1可知，中国以365篇的发文量排在第一位，是排名第二的美国的发文量两倍之多。美国（172篇）、英国（144篇）分别位居第二、第三，发文量在50篇及以上的还有澳大利亚（66篇）、马来西亚（62篇）、意大利（57篇）、印度（50 篇），与前三名相比存在一定差距。我国数字金融方面虽起步相对较晚，但后来居上，"后发优势"明显，这与我国近年来重视和发展数字金融是分不开的。

表 2 – 1　　　数字金融高产国家发文数量和中心度

排名	发文量		中心度	
	数量（篇）	国家	数值	国家
1	365	中国	0.39	英国
2	172	美国	0.31	中国
3	144	英国	0.24	美国
4	66	澳大利亚	0.13	马来西亚
5	62	马来西亚	0.1	巴基斯坦
6	57	意大利	0.09	印度
7	50	印度	0.08	法国
8	49	德国	0.07	澳大利亚
9	48	韩国	0.07	加拿大
10	42	西班牙	0.06	西班牙

中心度是反映科研合作程度的又一重要指标，中心度测度的是网络中节点的关键程度，中心度大于 0.1 的一般认为是网络中的关键枢纽。我们可以看到，英国、中国、美国、马来西亚、巴基斯坦都是关键节点，其中英国以 0.39 的中心度居于第一，中国以 0.31 的中心度紧随其后，美国以 0.24 的中心度位居第三，马来西亚以 0.13 的中心度位居第四，巴基斯坦以 0.1 的中心度位居第五。这些国家与其他国家的科研合作更为开放也更为密切，同时研究也更有影响力。我国的

科研合作以 0.31 的中心度,位于世界第二,这说明我国在数字金融领域已有一定的影响力,但与英国 0.39 的中心度还存在一定差距,这说明我国在数字金融领域研究的整体水平和国际影响力还有待于进一步提升。

2. 学术期刊分析

由于中文文献数据参考文献信息缺失,本书仅对英文文献数据进行文献共被引分析。分析结果显示《金融研究评论》(*REV FINANC STUD*)以 350 次的被引频次居于第一,之后的高被引期刊还有《金融经济学杂志》(*J FINANC ECON*)、《金融杂志》(*J FINANC*)、《美国经济评论》(*AM ECON REV*)、《技术预测与社会变革》(*TECHNOL FORECAST SOC*)、《银行与金融杂志》(*J BANK FINANC*)、《管理科学》(*MANAGE SCI*)。分析中心性发现,《银行与金融杂志》、《管理信息系统季刊》(*MIS QUART*)、《管理信息系统杂志》(*J MANAGE INFORM SYST*)、《市场科学学会杂志》(*J ACAD MARKET SCI*)、《技术预测与社会变革》、《电子市场》(*ELECTRON MARK*)等期刊的中心性相对较高。其中无论是从被引频次还是中心性角度,金融类与信息技术类期刊都高居首位。由此可知,国外金融与信息技术研究领域均重视和关注数字金融相关问题。

虽然中文文献数据的期刊共被引分析受限,但仍可以通过对核心期刊的分析,发现数字金融是主要关注领域。从载文数量看,《金融研究》(16 篇)、《管理世界》(13 篇)、《农业技术经济》(13 篇)、《中国农村经济》(12 篇)、《经济学

(季刊)》（12 篇）、《数量经济技术经济研究》（12 篇）等期刊的载文量较高，而且大多是经管领域高影响力期刊，一定程度上表明数字金融是国内经管研究领域关注的焦点问题之一。

3. 发文作者合作网络分析

节点类型中选择"Author"选项，其他选项保持不变，绘制出 WOS 和 CNKI 作者合作网络图谱（见图 2 - 3 和图 2 -4）。

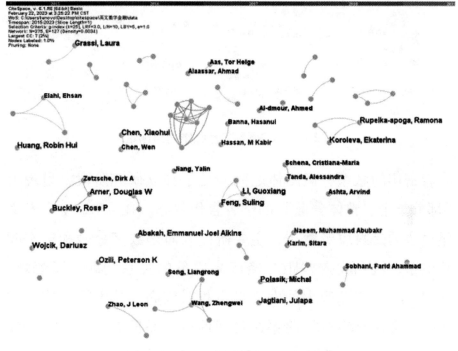

图 2 - 3　WOS 作者合作网络图谱

WOS 中最大的研究团队是以道格拉斯·沃纳（Douglas W. Arner）为中心的合作团队，学者之间存在一定程度的合作关系，形成了若干个小团体，在小团体内部，各个学者之间

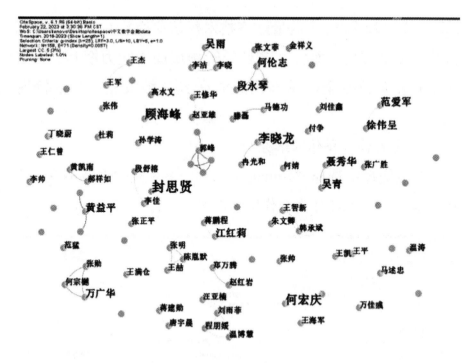

图 2 - 4　CNKI 作者合作网络图谱

有着密切的联系，但团体之间尚处于独立研究阶段，呈现出"部分集中、整体分散"的学者合作状态。在 CNKI 中，发文量最多的是封思贤教授，主要研究方向是数字金融和资本配置效率、城乡收入差距与经济高质量的关系问题。顾海峰、何宏庆与李晓龙等人的发文量也相对较高，其中顾海峰专注于数字金融与银行风险系统性风险的关系问题，何宏庆专注于数字金融与农民创业的关系问题，李晓龙专注于数字金融与资本配置效率的关系问题。从合作网络看，国内数字金融研究领域已初步形成以万广华为核心的研究团队、以段永琴为核心的研究团队、以吴雨为核心的研究团队等三大研究团队，其余学者间的合作强度则相对较低，且大多发生在两者之间。综合来看，国内外学者间的合作相对较少。

4. 发文机构合作网络分析

为了分析数字金融领域各机构的学术地位和合作情况，把节点类型更换为"Institution"，得到 WOS 和 CNKI 的机构合作网络图谱（见图 2-5 和图 2-6）。

图 2-5　WOS 机构合作网络图谱

由图 2-5 可知，WOS 中数字金融主要的研究机构是高校，其中中国的西南财经大学（Southwestern Univ Finance & Econ）、上海财经大学（Shanghai Univ Finance & Econ）、首都经济贸易大学（Capital Univ Econ & Business）、香港大学（Univ Hong Kong）和澳大利亚的悉尼大学（Univ Sydney）等机构在数字金融领域有着深入的研究，取得了较为丰硕的成

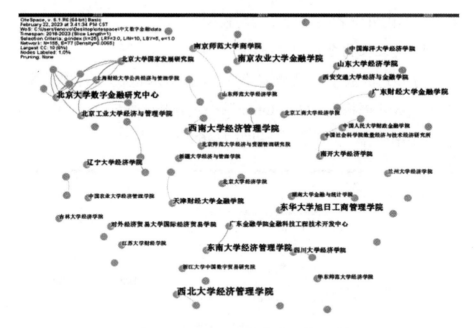

图 2 - 6　CNKI 机构合作网络图谱

果。每个机构都与其他机构存在着合作关系，其中发文量较多的机构和其他机构间的合作更为密切，国际数字金融快速发展得益于研究共同体的形成。CNKI 中数字金融主要研究机构也是高校（见图 2 - 6），其中西北大学经济管理学院（10篇）、西南大学经济管理学院（9 篇）、北京大学数字金融研究中心（8 篇）、东华大学旭日工商管理学院（7 篇）、南京农业大学金融学院（7 篇）和东南大学经济管理学院（6 篇）的发文量较高。从机构合作网络看，大多数研究机构间缺乏学术合作，发文最多的西北大学经济管理学院与其他机构之间基本不存在合作关系，发文量第二的西南大学经济管理学院也仅与北京师范大学经济与资源管理研究院有着微弱的学术合作，可见国内尚未形成较强的学术合作网络。

2.1.3　研究脉络

1. 关键词共现分析

关键词是学术论文主题的高度凝练，能够较好地反映文章的主题思想和核心内容，体现相关领域的研究热点。运用 Citespace V 软件分析文献关键词，得到数字金融领域关键词共现图谱（见图 2 –7 和图 2 –8）。

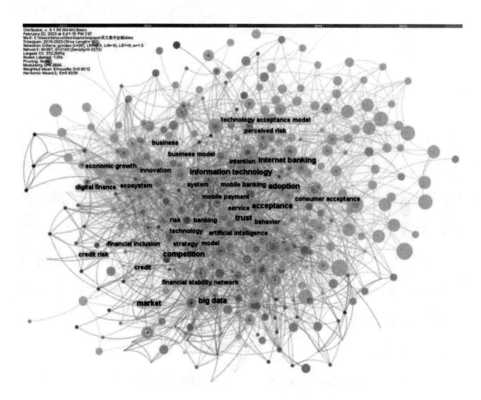

图 2 –7　WOS 关键词共现图谱

图 2 –7 中共有 397 个节点，2143 条连线，其中节点的大

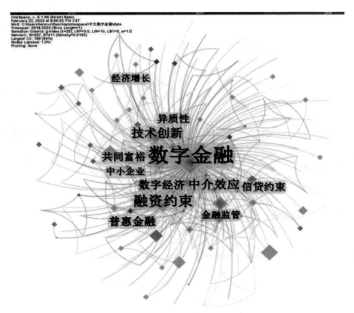

图 2 - 8　CNKI 关键词共现图谱

小代表关键词出现的频次，节点的连线反映了关键词间的共现关系，节点连线越粗则表明关键词共现的频次越多。从图 2 - 7 中我们可以清晰地发现数字金融、影响、技术创新、技术、金融包容性、模型等关键词出现的频次较高。图 2 - 8 中共有 207 个节点，411 条连线，从图中我们可以清晰地发现数字金融、融资约束、普惠金融、技术创新、金融监管等关键词出现的频次较高。这些关键词代表了国内外数字金融领域的热点话题。

　　为了进一步挖掘各关键词在共现网络的地位，表 2 - 2 和表 2 - 3 统计了国内外文献中数字金融领域关键词的出现频次和中心度。

表 2-2 国外文献中数字金融关键词出现频次和中心度统计

排名	出现频次		中心度	
	关键词	频次（次）	关键词	数值
1	数字金融	167	数字金融	0.09
2	影响	115	市场	0.08
3	创新	105	采用	0.07
4	技术	93	信息技术	0.07
5	金融包容性	91	大数据	0.07
6	绩效	79	竞争	0.07
7	模型	75	金融包容性	0.06
8	市场	71	模型	0.06
9	增长	70	银行	0.06
10	采用	66	信托	0.05

表 2-3 国内文献中数字金融关键词出现频次和中心度统计

排名	出现频次		中心度	
	关键词	频次（次）	关键词	数值
1	数字金融	321	数字金融	1.69
2	融资约束	41	普惠金融	0.04
3	普惠金融	17	金融知识	0.03
4	技术创新	15	融资约束	0.02
5	金融监管	12	经济增长	0.02
6	中介效应	11	金融素养	0.02
7	数字经济	9	技术创新	0.02
8	企业创新	9	相对贫困	0.01
9	异质性	9	金融监管	0.01
10	共同富裕	8	数字经济	0.01

由表 2 - 2 可知，就关键词出现频次而言，外文文献中出现频次最高的为数字金融（167 次），其余出现频次在 70 次及以上的还有影响（115 次）、创新（105 次）、技术（93 次）、金融包容性（91 次）、绩效（79 次）、模型（75 次）、市场（71 次）、增长（70 次）。就关键词的中心度而言，外文文献中心度最高的关键词是数字金融（0.09），中心度大于 0.05 的还有市场（0.08）、采用（0.07）、信息技术（0.07）、大数据（0.07）、竞争（0.07）、金融包容性（0.06）、模型（0.06）、银行（0.06）、信托（0.05），上述关键词均为共现网络中的关键节点。对国内相关研究的分析（见表 2 - 3）可知，就出现频次而言，数字金融（321 次）出现的频次最高，其他出现频次在 10 次以上的还有融资约束（41 次）、普惠金融（17 次）、技术创新（15 次）、金融监管（12 次）、中介效应（11 次）。就关键词在网络中的地位而言，与其他关键词联系最为紧密的是数字金融，中心度高达 1.69；普惠金融（0.04）、金融知识（0.03）、融资约束（0.02）、经济增长（0.02）、金融素养（0.02）、技术创新（0.02）的中心度也相对较高，但都未达到 0.1，尚未成为网络中的关键节点。

2. 关键词聚类分析

为了进一步考察数字金融领域的研究热点和知识结构，本书运用 Citespace V 聚类分析关键词共现网络。经过比对后，本书认为基于 LLR 算法的关键词命名与现实更为吻合。因此，本书在节点类型中选择"Keyword"选项，其他都选择为系统默认设置，运行 Citespace V 软件，生成如图 2 - 9 和图 2 - 10 所示的基于 LLR 算法的国内外数字金融关键词聚类图谱。

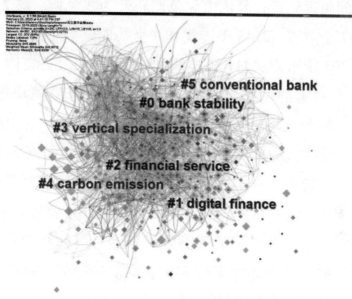

图 2 - 9   WOS 关键词聚类图谱

图 2 - 10   CNKI 关键词聚类图谱

图 2 - 9 和图 2 - 10 分别展示了国内外数字金融研究领域

的主要聚类分布，片区的颜色反映关键词共现首次出现的时间，时间由远到近，颜色由深色调转变为浅色调。图 2 - 9 中共有 397 个节点，2143 条连线和 6 个共现聚类集群，图 2 - 10 中共有 207 个节点，411 条连线和 10 个共现聚类集群，其中规模过小的集群调整至忽略。图 2 - 9 中聚类模块数 Q 为 0.4846，聚类的相似度 S 的值为 0.8012；图 2 - 10 中网络图谱的聚类模块数 Q 为 0.4783，同时聚类的相似度 S 的值为 0.9266。一般认为 Q > 0.3，聚类效果就符合预期要求，对聚类的相似度而言，只要 S > 0.5，聚类的同质性就较好。可见，国内外数字金融关键词的聚类效果不错且同质性较高。为了充分挖掘研究热点和探索研究热点的演进趋势，有必要深度分析国内外数字金融聚类。

由表 2 - 4 可知，国外数字金融领域共形成了 #0 银行稳定性、#1 数字金融、#2 金融服务、#3 垂直专业化、#4 碳排放、#5 传统银行等 6 个聚类集群，国外关于数字金融的研究主要围绕上述聚类展开。最大的聚类是银行稳定性，包含 77 个关键词，代表性词语有银行稳定性、信用风险、软信息、金融科技、p2p 网贷平台等。最早的聚类是银行稳定性、数字金融与金融服务，平均年份为 2019 年；其中：聚类包含 76 个关键词，代表性词语为数字金融、金融科技服务、社会影响力、统一理论、努力期望等；金融服务聚类包含 74 个关键词，代表性词语为数字金融、金融服务、金融科技生态圈、金融部门、普惠金融等。垂直专业化聚类平均年份为 2020 年，包含 65 个关键词，代表性词语为垂直专业化、环境关注、银行集中度、金融科技企业家精神、企业创新绩效等。碳排放聚类平均年份为2021年，包含58个关键词，代表性词语为数字金融、碳排放、金融科技服务、绿色科技创新、绿色增长等。传统银行聚类平均年份为2020年，包含22个关键词，代表性词语为数字金融、传统银行、金融业务、伊斯兰银行等。

表2-4　　　　　　　　国外数字金融关键词聚类分析

聚类编号	规模（个）	紧密度	平均年份	代表性词语
0	77	0.822	2019	银行稳定性、信用风险、软信息、金融科技、p2p网贷平台
1	76	0.864	2019	数字金融、金融科技服务、社会影响力、统一理论、努力期望
2	74	0.749	2019	数字金融、金融服务、金融科技生态圈、金融部门、普惠金融
3	65	0.714	2020	垂直专业化、环境关注、银行集中度、金融科技企业家精神、企业创新绩效
4	58	0.818	2021	数字金融、碳排放、金融科技服务、绿色科技创新、绿色增长
5	22	0.904	2020	数字金融、传统银行、金融业务、伊斯兰银行

由表2-5可知，国内数字金融研究领域共形成了#0融资约束、#1技术创新、#2绿色创新、#3商业银行、#4金融素养、#5杠杆率、#6普惠金融、#7数字经济、#8金融知识、#9科技创新、#10技能溢价等11个聚类集群，关于数字金融

的研究主要围绕这些聚类展开。其最大的聚类是融资约束，包含 67 个关键词，代表性词语有融资约束 、技术创新、中介效应、商业银行、普惠金融等。年份最早的聚类有商业银行、杠杆率、普惠金融与科技创新，平均年份为 2020 年；其中：商业银行聚类包含 16 个关键词，代表性词语有商业银行、中介效应、调节效应、信用风险、企业创新等；杠杆率聚类包含 14 个关键词，代表性词语有杠杆率、小微企业、异质性、就业、信息等；普惠金融聚类包含 14 个关键词，代表性词语有普惠金融、创业、共同富裕、金融研究中心、数字红利等；科技创新聚类包含 5 个关键词，代表性词语有科技创新、消费升级、区域创新、科技创新评价体系、耦合协调等。年份最近的聚类为技能溢价，包含 3 个关键词，代表性词语有技能溢价、技术效应、结构效应、融资约束、技术创新等。

表 2-5　　　　　　　国内数字金融关键词聚类分析

聚类编号	规模（个）	紧密度	平均年份	代表性词语
0	67	0.974	2021	融资约束 、技术创新、中介效应、商业银行、普惠金融
1	17	0.846	2021	技术创新、中小企业、经济增长、企业特征、中介机制
2	16	0.948	2021	融资约束、绿色创新、出口产品质量、代理成本、创新
3	16	0.865	2020	商业银行、中介效应、调节效应、信用风险、企业创新
4	15	0.919	2021	金融素养、影响机制、信贷约束、农户、创新能力

续表

聚类编号	规模（个）	紧密度	平均年份	代表性词语
5	14	0.934	2020	杠杆率、小微企业、异质性、就业、信息
6	14	0.79	2020	普惠金融、创业、共同富裕、金融研究中心、数字红利
7	13	0.883	2021	数字经济、金融监管、区块链、乡村振兴、可信大数据
8	6	0.996	2021	金融知识、数字金融行为响应、数字素养、相对贫困、居民幸福
9	5	0.944	2020	科技创新、消费升级、区域创新、科技创新评价体系、耦合协调
10	3	0.995	2023	技能溢价、技术效应、结构效应、融资约束、技术创新

2.1.4　研究趋势

本书运用 Citespace V 软件，从关键词聚类时间线图谱和关键词突现两方面，来归纳分析探讨国内外数字金融领域的研究趋势。

1. 关键词聚类时间线图谱分析

聚类时间线图谱将同一聚类的节点按出现时间的远近排布在同一水平线上，可以勾画不同聚类的时间关系，展示聚类的历史研究成果和研究的活跃度。因此，本书在节点类型中选择"Keyword"选项，展现方式选择"Timeline View"选项，其他都选择为系统默认设置，运行 Citespace V 软件，生成如图 2-11 和图 2-12 所示的关键词时间线图谱。

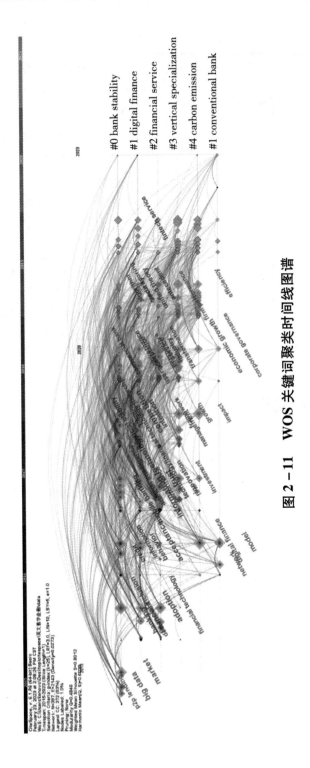

图 2－11　WOS 关键词聚类时间线图谱

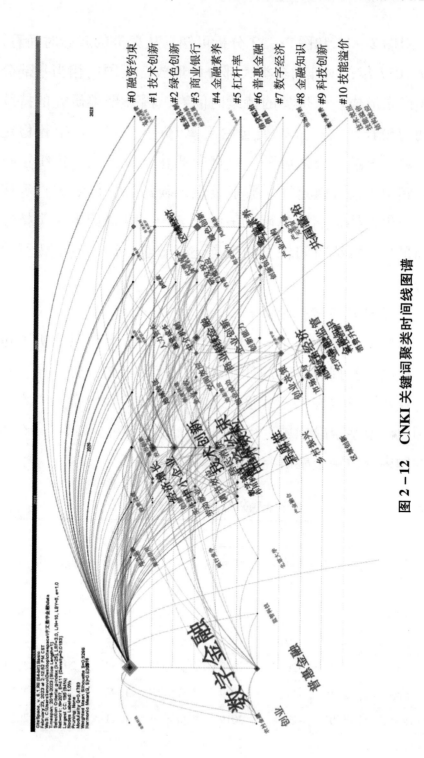

图 2 - 12　CNKI 关键词聚类时间线图谱

对图 2 - 11 和图 2 - 12 分析可知，从聚类的起始时间看，截至 2017 年，国外的聚类大部分已形成，而国内相当一部分聚类尚未形成。从聚类的持续时间看，国外聚类研究的持续时间均较长，大部分聚类起始于 2016 年左右，如银行稳定性、数字金融、金融服务、垂直专业化、碳污染、传统银行等。其中，银行稳定性、数字金融、碳污染、传统银行等聚类至今仍保持较高的热度。国内研究中，融资约束聚类持续时间最长，持续时间较长的聚类还有普惠金融、商业银行等聚类。

2. 突现词可视化分析

运用 Citespace V 的"Detect Bursts"功能突现分析关键词，检测和发掘在短时间使用频次快速增长的关键术语，这类专业术语可以在一定程度上反映该领域的研究前沿。本书对国内外数字金融领域进行突现词分析，得到了如表 2 - 6 所示的国内外数字金融研究前沿突现词。

表 2 - 6　　　　　　　　数字金融研究的前沿突现词

外文文献				中文文献			
关键词	突现强度	起始年份	结束年份	关键词	突现强度	起始年份	结束年份
大数据	3.25	2015	2019	普惠金融	3.31	2018	2020
金融监管	4.46	2016	2020	农村金融	1.55	2018	2020
信息	3.97	2017	2018	金融创新	1.34	2019	2019
市场	2.45	2017	2019	中介效应	1.96	2020	2020
商业模式	4.09	2018	2019	投资不足	1.11	2020	2020

续表

外文文献			中文文献			
首次公开发行	4	2018	2020	杠杆率	1.11	2020	2020
智能合约	3.62	2018	2019	家庭消费	1.11	2020	2020
移动支付	3.62	2018	2020	空间溢出	1.63	2021	2021
金融服务	2.93	2018	2019	企业创新	1.59	2021	2021
金融机构	2.47	2018	2019	中小企业	1.46	2021	2021
机器学习	2.31	2018	2021	区域创新	1.34	2021	2021
数字经济	3.21	2019	2020	区块链	1.22	2021	2021
创业融资	3.12	2019	2020	共同富裕	1.85	2022	2023
系统性风险	2.99	2019	2020	风险承担	1.38	2022	2023
金融稳定性	2.64	2019	2020	产业结构	1.38	2022	2023

　　由表 2-6 可知，国外数字金融研究热点呈现时间越近，持续时间越短的总体特征。大数据出现时间最早，起始年份为 2015 年，同时持续时间也最长，到 2019 年才结束，持续时间长达 4 年，之后的金融监管、机器学习等关键词持续时间也相对较长，持续时间平均有 3 年，而在 2018 年之后突现的关键词商业模式、首次公开发行、智能合约、移动支付、金融服务、金融机构、数字经济、创业融资、系统性风险等关键词持续时间平均不足 3 年。其中，突现强度最强的是金融监管，通过分析发现，相关文献认为数字技术的引入使金融机构带来了运营、流动性、消费者保护、反洗钱与反恐融资风险，因此，数字金融体系的发展应着眼于金融监管，通过建立全面均衡的监管，加强金融消费者保护，刺激金融市场现场活力。

对国内数字金融领域进行分析发现，普惠金融是突现强度最强的关键词，也是最早的研究热点，起始年份为 2018 年的关键词还有农村金融。在我国数字金融起步阶段，学者们大多认为数字金融的发展提高了农村金融服务的水平和质量，增加了农村产业融合发展所需资金的可用性。同时，还可以为农村支柱产业提供便利贷款，保障农村产业融合发展的资金供给，有效促进产业结构全面升级。之后，中介效应、投资不足、杠杆率、家庭消费等关键词突现为新的热点。学者们强调数字金融的蓬勃发展缓解了传统金融中信贷结构的失衡，深刻影响了中小企业的投资决策行为与消费者的家庭消费行为，为解决中小企业投资不足与消费者消费不足问题创造了新的契机。随着数字金融的发展，学者们逐渐开始关注数字金融对创新的影响，空间溢出、企业创新、中小企业、区域创新以及区块链等成为了新的学术研究热点。截至 2022 年，共同富裕、风险承担、产业结构等关键词的突现，表明当前学术界着重研究数字金融的经济效应，从实证角度探讨数字金融对共同富裕、银行风险承担、产业结构升级等方面的影响。

2.2 技术创新研究热点与趋势

当前，世界经济形势的不确定性逐渐增大，创新驱动内涵式增长已然成为经济高质量发展的必然选择。企业不仅是区域经济增长的重要动力，更是促进技术创新的重要力量。

在"资源红利"和"人口红利"锐减、产业资本"脱实向虚"、实体经济"空心化"等问题突出的背景下，多管齐下切实推动企业创新发展，是建设现代化经济体系，解决结构性失衡问题，实现经济高质量增长的战略选择。基于此，参照前文办法，运用 Citespace V 软件知识图谱分析机构、作者合作网络、关键词聚类和突现等。

2.2.1　研究设计

为了保证研究结论的可靠性，本研究的英文和中文文献分别来源于 Web Of Science（WOS）数据库和中国知网数据库（CNKI），检索时间范围设定为 2010～2023 年，检索时间为 2023 年 5 月 20 日。英文文献以 WOS 的核心合集为数据源，检索条件为：篇名 = TI = （（（technological innovation）or（technical innovation））and（enterprise * or corporations or firm * or compan * or venture））。中文文献以中国知网的中文核心期刊为数据源，设定检索条件为：篇名 = "技术创新"和"企业"。对检索文献进行筛选，剔除征稿通知、研究机构介绍等无效文献，删减与研究主题不相关的文献，最终得到 679 篇外文文献和 1303 篇中文文献用以可视化分析。

本书通过绘制国内外企业技术创新领域的关键词共现和突现图谱捕获和对比分析国内外企业技术创新研究的关键节点、演进路径和学科前沿进行，以期为国内外相关研究提供借鉴和参考。

2.2.2　企业技术创新研究现状

1. 发文量分析

统计历年来中英文企业技术创新相关文献的数量，绘制成文献分布图（见图2-13），以分析发展历程与预测发展趋势。（注：2023年只统计到5月份，用虚线表示）

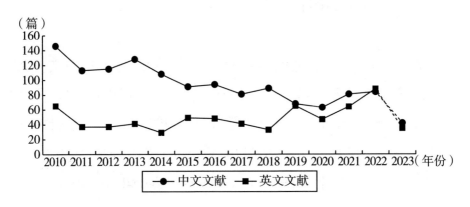

图2-13　企业技术创新文献分布

从图2-13可以发现，国内外企业技术创新领域的发文数量及其变化趋势存在一定的差异性。在2010年国内已有相当一部分学者关注企业技术创新问题，但之后发文数量逐步回落。国际文献在2010～2018年呈现出小幅度的波动趋势，到2019年，发文数量略有上升趋势，至2022年发文数量反超国内。据此，初步可以推断我国企业技术创新领域的研究还处于一个并不成熟的阶段。国内企业技术创新成为热点的时间虽早于国外，但持续性研究不够，且近段时间文献数量被国外反超。因此，有必要进一步对比分析国内外的研究热点与趋势，借鉴国外企业技术创新领域的相关研究成果。

2. 国家分析

节点类型选择"Country"选项，运行后可以得到企业技术创新国家合作图谱，如图 2 - 14 所示。在图 2 - 14 的国家合作图谱中，两个节点之间的连线代表着国家之间的联系，节点的大小代表着发文频次的多少，具有深色外圈的国家具有较强的中心性。从图谱中我们可以看出，在企业技术创新研究领域，我国发文数量遥遥领先，居于核心地位，与西班牙、美国、马来西亚、加拿大等国家的学术交流较为密切。总体而言，发文数量较多的国家之间的合作并不多，存在着一定程度的学术壁垒现象。

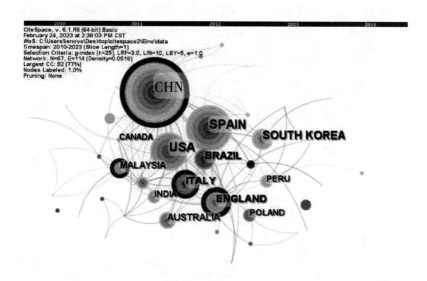

图 2 - 14 企业技术创新研究高产国家可视化图谱

为了挖掘不同国家在该领域的学术地位，本书进一步分析了具体国家的发文数量和中心度数据，如表2-6所示。中国以407篇的发文量位居第一位，西班牙以41篇的发文量位居第二，美国（35篇）、韩国（24篇）、巴西（19篇）分别位居第三到第五。由此可知，中国的发文量遥遥领先于之后的国家，在世界企业技术创新领域扮演着重要角色。节点的中心度大于0.1的一般认为是网络中的关键枢纽，由表2-7可知，关键节点共计7个，分别是中国（0.59）、英国（0.21）、意大利（0.19）、马来西亚（0.15）、西班牙（0.1）、德国（0.1）。

表2-7　　　　企业技术创新高产国家发文数量和中心度

排名	发文量			中心度		
	数量（篇）	平均年份	国家	数值	平均年份	国家
1	407	2010	中国	0.59	2010	中国
2	41	2010	西班牙	0.21	2010	英国
3	35	2010	美国	0.19	2010	意大利
4	24	2011	韩国	0.15	2012	马来西亚
5	19	2010	巴西	0.1	2010	西班牙
6	18	2010	意大利	0.1	2011	德国
7	17	2010	英国	0.09	2010	美国
8	15	2013	澳大利亚	0.09	2013	荷兰
9	13	2012	马来西亚	0.06	2012	加拿大
10	11	2012	加拿大	0.06	2016	秘鲁

3. 期刊分析

由于中文文献数据参考文献信息缺失，本研究仅对英文文献数据进行文献共被引分析。分析结果显示《政策研究》（*RES POLICY*）以 340 次的被引频次遥遥领先，之后的高被引期刊还有《战略管理杂志》（*STRATEGIC MANAGE J*）、《技术创新》（*TECHNOVATION*）、《管理学会杂志》（*ACAD MANAGE J*）、《行政科学季刊》（*ADMIN SCI QUART*）、《商业研究杂志》（*J BUS RES*）、《管理学会评论》（*ACAD MANAGE REV*）、《管理科学》（*MANAGE SCI*）、《技术预测与社会变革》等。分析中心度发现，《管理学会杂志》、《行政科学季刊》、《行业营销管理》（*IND MARKET MANAG*）、《创新与新技术经济学》（*ECON INNOV NEW TECH*）、《经济学季刊》（*Q J ECON*）等期刊的中心度相对较高。其中无论是从被引频次还是中心度角度，经管类期刊都高居首位。由此可知，国外经管领域较为关注企业技术创新问题。

虽然中文文献数据的期刊共被引分析受限，但仍可以通过对核心期刊的分析，发现中文企业技术创新的主要关注领域。从载文数量看，《科学学与科学技术管理》（110 篇）、《科研管理》（90 篇）、《科学学研究》（60 篇）、《情报杂志》（21 篇）、《数量经济技术经济研究》（18 篇）、《情报科学》（16 篇）等期刊的载文量较高，而且大多是管理领域与情报领域高影响力期刊，一定程度上表明国内管理领域与情报领域较为重视企业技术创新研究。从学科分布看，管理领域的关注度最高，其次是情报学和计算机应用领域。由此可知，企业技术创新研究是一个涉及多学科交叉的研究领域，但大多国内学者还是从管理学和情报学视角展开相关研究。

4. 机构分析

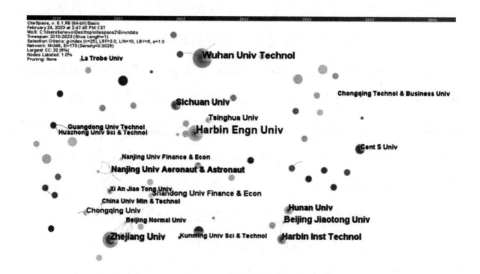

图 2-15   WOS 机构合作网络图谱

节点类型更换为"Institution"，得到机构合作网络图谱（见图 2-15 和图 2-16）。国际发文量最多的机构是哈尔滨工程大学（Harbin Engn Univ），发文数量为 15 篇，发文量在 10 篇以上的机构还有武汉科技大学（Wuhan Univ Technol）、浙江大学（Zhejiang Univ）等，国内发文量最多的机构是哈尔滨工程大学经济管理学院（23 篇），其中发文量在 10 篇以上的还有中南大学商学院（20 篇）、华南理工大学工商管理学院（13 篇）、南京大学商学院（13 篇）、华中科技大学管理学院（13 篇）、四川大学工商管理学院（12 篇）、西安交通大学经济与金融学院（11 篇）、浙江大学管理学院（11 篇）、河海大学商学院（10 篇）、中南财经政法大学工商管理学院（10 篇）。从机构合作网络看，国际发文量最多的哈尔滨工程大学和武汉科技大学与其他机构之间合作较为薄弱，国内几个最大的节点间也缺乏合作。可见，国内外的研究机构都较为分散，尚未形成较强的学术合作网络。

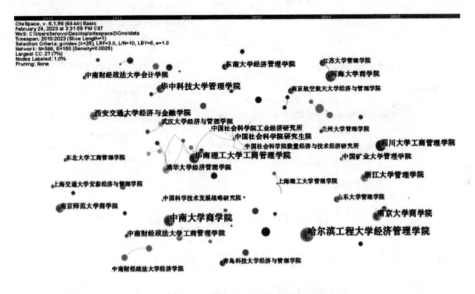

图 2 – 16　CNKI 机构合作网络图谱

5. 作者分析

本书运用 Citespace V 中的作者合作网络分析功能可视化分析 679 条外文文献。在节点类型中选择"Author"选项，运行得到如图 2 – 17 所示的国际作者合作图谱。

由图 2 – 17 可知，德尔卡皮奥·加莱戈斯（Del carpio gallegos）和弗朗西斯科·米拉雷斯（Francesc Miralles）组成的团队、杜春喜（Du Chunxi）和和炳全（He Bingquan）组成的团队以及何青松（Hua Qingsong）的团队的学术网络较大，具有相当的影响力，但是其他作者之间的合作就较为缺乏。

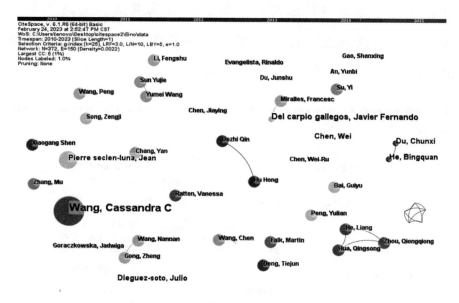

图 2-17　国际作者合作图谱

由此可知，企业技术创新领域已经形成了少量的研究团队，但大部分学者间缺乏联系。进一步数据挖掘，得到国际期刊发文量前 10 的作者信息表（见表 2-8）。

表 2-8　　　　国际期刊发文数量排名前 10 的作者

排名	发文数量（篇）	作者	平均年份
1	6	C. 卡桑德拉（Cassandra C）	2013
2	4	德尔卡皮奥·加莱戈斯（Del carpio gallegos）	2019
3	3	陈伟（Chen, Wei）	2010
4	3	胡里奥·迪格斯-索托（Dieguez-soto, Julio）	2016
5	3	杜春喜（Du, Chunxi）	2010
6	3	和炳全（He, Bingquan）	2011

续表

排名	发文数量 （篇）	作者	平均年份
7	3	让 – 皮埃尔·塞克伦 – 卢娜（Jean Pierre Seclen-Luna）	2022
8	2	王雷（Wang，Lei）	2019
9	2	白贵玉（Bai，Guiyu）	2022
10	2	常燕（Chang，Yan）	2020

　　从发文数量上看 C. 卡桑德拉以 6 篇的发文量居于第一，之后的德尔卡皮奥·加莱戈斯（4 篇）的发文量也较多，其中陈伟和杜春喜两人研究该领域的时间最早，平均发文时间为 2010 年。经过计算，企业技术创新领域发文量排名前 10 的作者的发文量仅占总发文量的 4.78%，由此可知，当前该领域各个作者之间联系相对较弱，缺乏深度的协作研究，尚未形成足够的学科高产作者群。

　　本书运用 Citespace V 中的作者合作网络分析功能，可视化分析 1303 个国内样本数据。选择节点类型为"Author"，其他都保持系统默认设置。参照赖普斯定律，发文数达到 2 篇及以上的为核心作者。经统计，共计 72 位核心作者，其中，发文量在 4 篇以上的共计 12 位，如表 2 – 9 所示。

表 2 – 9　　　　　　　　国内核心作者信息

排名	发文量	作者	平均年份	排名	发文量	作者	平均年份
1	5	王宗军	2013	3	4	陈浩义	2010
2	5	王玉梅	2010	4	4	冯晓青	2013

续表

排名	发文量	作者	平均年份	排名	发文量	作者	平均年份
5	4	温军	2011	12	4	王楠	2011
6	4	白俊	2018	13	4	郭开仲	2014
10	4	肖仁桥	2014	14	4	边云岗	2014
11	4	杨皎平	2012	15	4	钱丽	2014

　　王宗军与王玉梅以 5 篇的发文量共居第一位。从发文年份看，最早开始研究的是王玉梅、陈浩义等。发文量较高的作者发文的平均年份也大多集中在 2014 年左右。

　　为了增强可视化图谱的可读性，分析核心作者之间的合作关系，本书对节点的"threshold"选项进行调整选择显示发文量在 2 篇及其以上的节点，得到如图 2 – 18 所示的核心作者合作图谱。

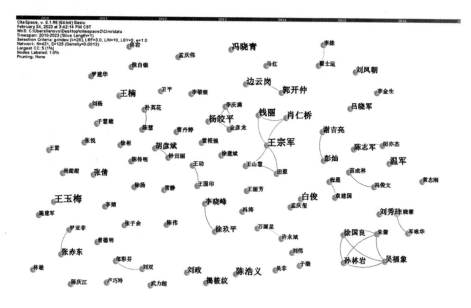

图 2 – 18　核心作者合作图谱

由图 2 - 18 可知，企业技术创新领域存在着若干个学术团体，其中以王宗军、杨皎平、吴福象等团队最为典型，具有较大的规模，而其中又以华中科技大学管理学院王宗军教授的团队规模最为庞大，该团队共有核心作者 5 名。其他的团队，如杨皎平、吴福象团队都具有较大的规模。整体来说，国内企业技术创新领域已经形成了一定数量的研究团队，团队内部合作也较为密切，但团队之间相对独立，学者间的合作仅限于团队内部，跨团队合作还比较缺乏。

2.2.3　研究脉络分析

1. 关键词共现分析

将节点类型更改为 "Keyword"，选择 topN = 50，得到企业技术创新研究的关键词共现图谱（见图 2 - 19 和图 2 - 20），数据挖掘可视化图谱，整理得到企业技术创新领域的高频关键词。高频关键词能够较好反映研究方向，关键词的中心度越高，在研究领域内影响力越大。

图 2 - 19 中共有 431 个节点，2220 条连线，其中节点的大小代表关键词出现的频次，节点的连线反映了关键词间的共现关系，节点连线越粗表明关键词共现的频次越多。从图中我们可以清晰地发现技术创新、绩效、研发、影响、知识、能力、管理、策略、吸收能力等关键词出现的频次较高。图 2 - 20 中共有 472 个节点，756 条连线，从图中我们可以清晰地发现技术创新、中小企业、融资约束、环境规制、企业创新、政府补贴

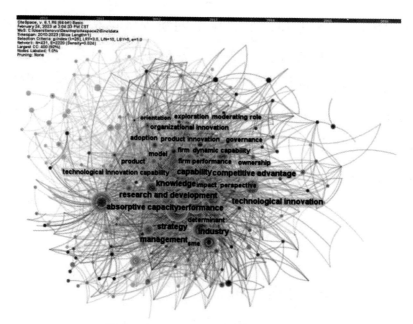

图 2-19　WOS 关键词共现图谱

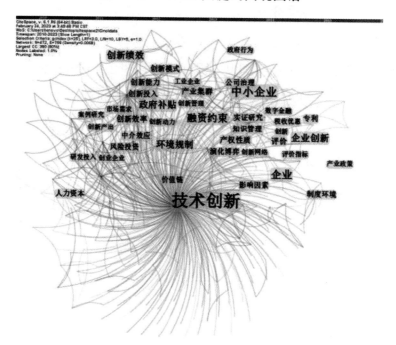

图 2-20　CNKI 关键词共现图谱

等关键词出现的频次较高，这些关键词代表了国内外企业技术
创新领域的热点话题。

为了进一步挖掘各关键词在共现网络的地位，本书统计
了国内外企业技术创新研究领域出现频次和中心度排名前10
的关键词（见表2－10和表2－11）。

表2－10　　国外文献中企业技术创新领域关键词出现
频次和中心度统计

排名	出现频次		中心度	
	关键词	频次（次）	关键词	数值
1	技术创新	188	技术创新	0.23
2	绩效	123	研发	0.23
3	研发	112	绩效	0.16
4	影响	71	策略	0.13
5	知识	56	知识	0.12
6	能力	54	吸收能力	0.1
7	管理	51	产业	0.1
8	策略	51	能力	0.09
9	吸收能力	48	技术创新能力	0.09
10	模型	36	管理	0.08

**表 2 - 11　　国内文献中企业技术创新领域关键词出现
频次和中心度统计**

排名	出现频次		中心度	
	关键词	频次（次）	关键词	数值
1	技术创新	635	技术创新	1.23
2	中小企业	69	中小企业	0.06
3	企业	38	创新绩效	0.04
4	融资约束	36	企业创新	0.03
5	环境规制	27	政府行为	0.03
6	企业创新	21	企业	0.01
7	政府补贴	19	融资约束	0.01
8	影响因素	18	环境规制	0.01
9	工业企业	16	政府补贴	0.01
10	创新绩效	15	工业企业	0.01

　　由表 2 - 10 可知，就关键词出现频次而言，外文文献中出现频次最高的为技术创新（188 次），其余出现频次在 50 次以上的还有绩效（123 次）、研发（112 次）、影响（71 次）、知识（56 次）、能力（54 次）、管理（51 次）、策略（51 次）。就关键词的中心度而言，外文文献中心度最高的关键词是技术创新（0.23），中心度大于 0.1 的还有研发（0.23）、绩效（0.16）、策略（0.13）、知识（0.12）、吸收能力（0.1）、产业（0.1），上述关键词均为共现网络中的关

键节点。对国内相关研究的分析（见表 2 - 11）可知，就出现频次而言，技术创新（635 次）出现的频次最高，其他出现频次在 20 次以上的还有中小企业（69 次）、企业（38 次）、融资约束（36 次）、环境规制（27 次）、企业创新（21 次）。就关键词在网络中的地位而言，与其他关键词联系最为紧密的是技术创新，中心度高达 1.23，中小企业（0.06）、创新绩效（0.04）、企业创新（0.03）、政府行为（0.03）的中心度也相对较高，但都未达到 0.1，尚未成为网络中的关键节点。

2. 关键词聚类分析

本研究聚类分析国内外相关研究成果后，共得到 8 个外文聚类和 10 个中文聚类（见图 2 - 21 和图 2 - 22）。其中外文关键词聚类的 Q 值为 0.4007，S 值为 0.5227；中文关键词聚类的 Q 值为 0.5582，S 值为 0.6992，可见国内外关键词的聚类显著且合理。

为了充分挖掘研究热点，探索研究热点的演进趋势，有必要对国内外企业技术创新聚类进行深度分析。

由表 2 - 12 可知，国外企业技术创新领域共形成了 #0 绿色技术创新、#1 技术创新、#2 组织创新、#3 决定因素、#4 研发、#5 家族企业、#6 技术能力、#7 双元创新、#8 激进创新等 9 个聚类集群，国外关于企业技术创新的研究主要围绕上述聚类展开。最大的聚类是绿色技术创新，包含 53 个关键词，代表性词语有绿色技术创新、环境规制、非技术创新、制造企业、补贴等。最早的聚类为技术创新、组织创新、决定因素、研发、技术能力等 5 个聚类；其中：技术创新聚类包

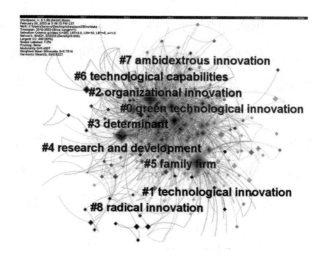

图 2 - 21 　WOS 关键词聚类图谱

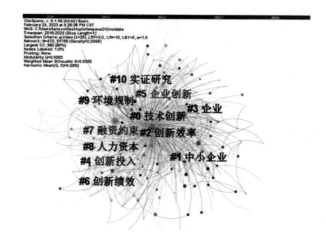

图 2 - 22 　CNKI 关键词聚类图谱

含 51 个关键词，代表性词语有技术创新、政府补贴、创新、企业、技术创新能力；组织创新聚类包含 50 个关键词，代表性词语有组织创新、技术创新、网络嵌入性、环境动态性、影响因素；决定因素聚类包含 49 个关键词，代表性词语有决定因素、采用、技术创新、信息技术、科技创新；研发聚类包含 46 个关键词，代表性词语有研发、技术创新能力、科技创新、技术创新、ICT 产业；技术能力聚类包含 44 个关键词，代表性词语有技术能力、技术创新能力、知识、网络、创新绩效。时间最近的聚类为绿色技术创新与家族企业，平均年份为 2017 年；其中家族企业聚类包含 45 个关键词，代表性词语有家族企业、资源基础观、研发、家族参与管理、创新。

表 2 - 12　　　国外企业技术创新领域关键词聚类分析

聚类编号	规模（个）	紧密度	平均年份	代表性词语
0	53	0.71	2017	绿色技术创新、环境规制、非技术创新、制造企业、补贴
1	51	0.75	2014	技术创新、政府补贴、创新、企业、技术创新能力
2	50	0.732	2014	组织创新、技术创新、网络嵌入性、环境动态性、影响因素
3	49	0.711	2014	决定因素、采用、技术创新、信息技术、科技创新
4	46	0.818	2014	研发、技术创新能力、科技创新、技术创新、ICT 产业
5	45	0.759	2017	家族企业、资源基础观、研发、家族参与管理、创新
6	44	0.665	2014	技术能力、技术创新能力、知识、网络、创新绩效

续表

聚类编号	规模（个）	紧密度	平均年份	代表性词语
7	34	0.785	2015	双元创新、后发者、技术标准联盟、工艺创新、技术变革
8	16	0.925	2015	激进创新、小型企业、技术范式、成功、创新管理

由表 2 – 13 可知，国内企业技术创新研究领域共形成了 #0 技术创新、#1 中小企业、#2 创新效率、#3 企业、#4 创新投入、#5 企业创新、#6 创新绩效、#7 融资约束、#8 人力资本、#9 环境规制、#10 实证研究等 11 个聚类集群，关于企业技术创新的研究主要围绕这些聚类展开。最大的聚类是技术创新，包含 127 个关键词，代表性词语有技术创新、产权性质、企业创新、政府资助、企业规模等。年份最早的聚类为企业与实证研究，平均年份为 2012 年；其中：企业包含 26 个关键词，代表性词语有企业、专利、知识创新、评价、知识管理等；实证研究包含 13 个关键词，代表性词语有实证研究、技术能力、政府行为、税收优惠、技术创新绩效等。年份较近的聚类为融资约束，平均年份为 2018 年，包含 22 个关键词，代表性词语有融资约束、产权性质、双重差分、股权融资、产融结合。

表 2 – 13   国内企业技术创新领域关键词聚类分析

聚类编号	规模（个）	紧密度	平均年份	代表性词语
0	127	0.99	2015	技术创新、产权性质、企业创新、政府资助、企业规模

续表

聚类编号	规模（个）	紧密度	平均年份	代表性词语
1	32	0.907	2013	中小企业、政策建议、数字金融、调查、评价指标
2	26	0.829	2013	创新效率、创新能力、工业企业、dea、绩效评价
3	26	0.965	2012	企业、专利、知识创新、评价、知识管理
4	25	0.91	2015	创新投入、创新模式、创新产出、技术创新、风险投资
5	25	0.897	2017	企业创新、制度环境、产业政策、创新补贴、内生性
6	23	0.933	2015	创新绩效、政府补贴、产业集群、内部竞争、军工企业
7	22	0.871	2018	融资约束、产权性质、双重差分、股权融资、产融结合
8	19	0.91	2014	人力资本、价值链、创业企业、专利分析、专利战略
9	16	0.825	2014	环境规制、演化博弈、仿真、动态演化、波特假说
10	13	0.948	2012	实证研究、技术能力、政府行为、税收优惠、技术创新绩效

3. 关键词聚类时间线图谱分析

在 Citespace V 中选择节点类型"Keyword"，其余选择默认设置，聚类方式选择 LLR 算法的关键词命名方式，以时间线图形式呈现（见图 2 - 23 和图 2 - 24）。

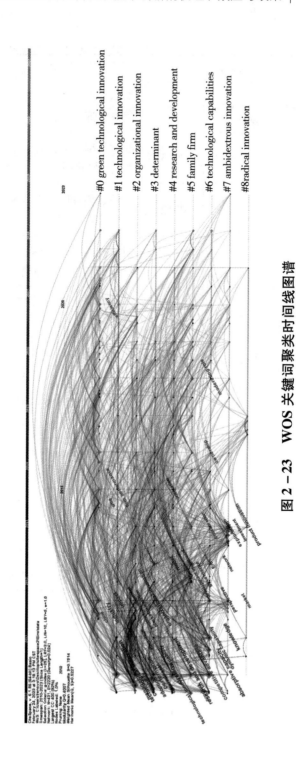

#0 green technological innovation
#1 technological innovation
#2 organizational innovation
#3 determinant
#4 research and development
#5 family firm
#6 technological capabilities
#7 ambidextrous innovation
#8 radical innovation

图 2 – 23　WOS 关键词聚类时间线图谱

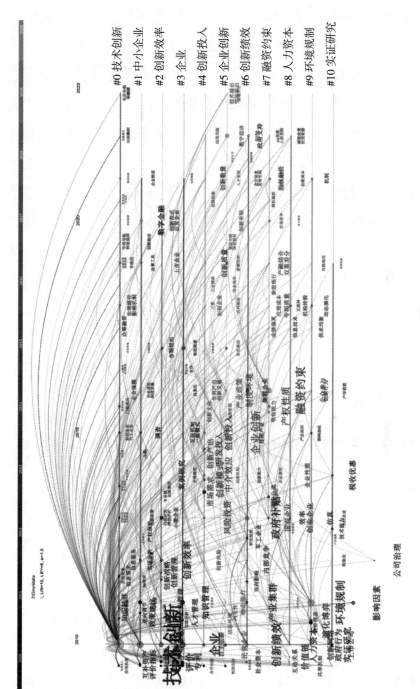

图 2 - 24　CNKI 关键词聚类时间线图谱

综合分析图 2 - 23 和图 2 - 24 可知，从聚类的起始时间看，截至 2010 年，国外与国内的聚类大部分已形成。从聚类的持续时间看，国外聚类研究的持续时间均较长，组织创新、研发与激进创新聚类持续至 2021 年，技术创新、决定因素、家族企业、技术能力聚类持续至 2022 年，绿色技术创新与双元创新聚类持续至 2023 年尚未结束。国内聚类实证研究持续时间最短，持续至 2019 年基本已经结束，创新效率聚类也仅持续至 2020 年，中小企业、企业与环境规制聚类持续至 2021 年，创新投入、创新绩效、融资约束与人力资本聚类持续至 2022 年，技术创新与企业创新聚类持续时间最长。

4. 突现词可视化分析

运用 Citespace V 的"Detect Bursts"功能突现分析关键词，结果如表 2 - 14 所示。

表 2 - 14　企业技术创新研究的前沿突现词（前 20 位）

外文文献				中文文献			
关键词	突现强度	起始年份	结束年份	关键词	突现强度	起始年份	结束年份
技术创新	13.5	2010	2011	中小企业	6.81	2010	2012
科技创新	4.09	2010	2011	企业	4.9	2010	2013
技术创新能力	3.84	2010	2014	评价	3.1	2010	2012
熵值法	2.43	2010	2011	指标体系	2.38	2010	2011
创新	2.67	2012	2017	评价指标	2.32	2010	2012

外文文献				中文文献			
关键词	突现强度	起始年份	结束年份	关键词	突现强度	起始年份	结束年份
视角	2.35	2012	2014	影响因素	4.68	2011	2015
模型	2.73	2013	2015	产业集群	3.05	2011	2013
多样化	2.36	2014	2015	知识管理	2.82	2011	2013
企业经营业绩	2.27	2014	2019	政府补贴	2.9	2013	2014
导向	3.18	2015	2016	创新模式	2.82	2014	2018
生产	2.53	2018	2019	研发投入	2.25	2015	2020
企业业绩	2.99	2019	2023	融资约束	9.26	2016	2023
技术创新效率	2.78	2019	2020	环境规制	3.72	2016	2018
信息	2.44	2019	2021	产权性质	4	2018	2021
政策	3.02	2020	2023	中介效应	3.15	2018	2023
开发	2.68	2020	2021	制度环境	2.3	2018	2023
效率	2.3	2020	2023	企业创新	5.87	2019	2023
绿色技术创新	3.21	2021	2023	创新质量	2.71	2019	2023
影响	2.75	2021	2023	产业政策	2.4	2019	2023
环境规制	2.65	2021	2023	数字金融	3.47	2020	2021

由表 2 - 14 可知，国外文献中关于企业技术创新的热点中，技术创新、科技创新、技术创新能力与熵值法出现时间最早，起始年份为 2010 年，但持续时间相对较短，大部分突现词仅仅持续一年时间，持续时间最长的也于 2014 年结束。

之后出现的创新、企业经营业绩、企业业绩、政策等关键词的持续时间也相对较长，持续的平均时间有 4 年左右。年份最近的突现词是 2021 年后突现的绿色技术创新、影响、环境规制等关键词，表明当前学者比较重视企业的绿色技术创新问题和强波特假说与弱波特假说的验证问题。

　　研究发现，在国内文献中，"融资约束"是突现强度最强的关键词，"中小企业"次之，可见学者在研究企业技术创新问题时，着重关注了企业的融资问题。企业的外部融资环境以及获取的金融支持程度在很大程度上决定了企业技术创新能否顺利进行，尤其是对内外部信息不对称较为严重，资金流动性受限，缺乏足够的资金来保障高风险技术创新的中小企业而言情况更为严重。中小企业、企业、评价、指标体系、评价指标等关键词出现时间最早，可见当时学者们对企业技术创新的研究尚处于起步阶段，相关文献更多的是研究企业技术创新的测度问题。之后，影响因素、产业集群、知识管理、政府补贴、创新模式、研发投入、融资约束与环境规制等关键词突现为新的热点，企业技术创新的模式、效应与影响因素成为主流的研究方向。最新的研究热点有企业创新、创新质量、产业政策、数字金融等。由此可见，学者对技术创新的研究已由单纯的创新数量向创新质量转变，同时较为关注产业政策与数字金融对企业技术创新的影响。

第3章　相关理论基础

关于数字金融与民营企业技术创新的一些相关问题，学术界已从理论与实证这两方面开展了广泛而深入的研究，为本书的研究奠定了理论基础。本章从国内外数字金融发展历程与特征、数字金融风险与监管理论、数字金融的经济与社会效应、技术创新的内涵特征与模式、民营企业技术创新的影响因素、金融发展对企业技术创新的影响等六个方面阐述相关理论基础。

国内外数字金融发展历程主要分析国内外数字金融发展背景以及数字金融特征；数字金融风险与监管理论包括基于风险承担者与风险性质的数字金融风险理论，以及基于监管法律法规体系的数字金融监管理论；数字金融的经济与社会效应分别梳理了数字金融在提升普惠性、加快经济绿色转型、缩小城乡差距、促进技术创新等方面的作用理论；技术创新的内涵特征与模式分别梳理了技术创新的内涵和创新主体、特征以及模式等三方面的相关理论；民营企业技术创新的影响因素主要分析了金融环境、产业政策与知识产权保护、知识流动等方面因素；金融发展对企业技术创新的影响理论主要包括优化技术创新资源和管控技术创新风险这两个方面。

3.1 国内外数字金融发展历程

3.1.1 国外数字金融的发展

从全球范围内数字金融的发展历程来看，金融与技术的结合和进步，最早可以追溯到 19 世纪后期电报和电缆在金融全球化中的应用，1967 年 ATM 机的应用被认为是现代金融科技的开端。"金融科技"概念最早在 1972 年由贝廷格（Bettinger）提出，结合了现代管理科学、计算机技术和银行专业知识。20 世纪 90 年代由花旗银行发起的"金融服务技术联盟"项目也使用了这一概念。这一时期的金融科技发展仍由传统金融业为主导，广泛表现于推动流程电子化，因此也被叫作"电子金融"。20 世纪末，在线支付服务商 PayPal 的成立标志着金融支付进入了新时代，互联网支付提高了支付效率，降低了资金存储要求和被盗风险，为数字金融的产生奠定了基础。数字金融以信息技术为依托，很大程度上推动了传统金融体系的变革。2008 年金融危机后，在更加完善的金融监管体系与更为先进的数字技术的合力推动下，数字金融进入蓬勃发展的新阶段。云计算、大数据、区块链等数字技术被应用于金融领域，提升了变革速度。非金融类的高新技术企业和新兴企业也凭借自身的技术优势直接向消费者提供金融服务。

　　全球数字金融发展历程可以分为三个阶段，分别是数字金融1.0阶段、数字金融2.0阶段和数字金融3.0阶段。在数字金融1.0阶段，随着消费者的需求不断升级和越来越个性化的需要，金融机构的创新能力已不能很好匹配现实需要，而数字技术的引进实现了金融机构的业务创新和流程创新。数字化和线上化的业务流程不仅解决了传统金融机构业务流程效率低下的问题，还拓宽了业务覆盖范围，更好地满足了消费者的个性化需求。这也加速了数字技术在金融机构的应用。在数字金融2.0阶段，部分金融机构已经具备了搭建数字金融平台的技术。这些金融机构所搭建的数字金融平台包括金融数据平台、金融业务平台和金融技术平台等。各数字金融平台具备一定的数据处理、业务接待和风险预警能力。至此，数字金融平台初具规模。在数字金融3.0阶段，以政府部门和金融组织为主体的金融监管机构成为了数字金融市场的主要参与者。金融机构和各类提供金融服务的公司都搭建了比较完善的数字金融平台，完成了从线下模式到"线下＋线上"双重模式的业务和管理机制转型。这一阶段更注重对金融产品和金融服务的风险管控，不断加强对数字金融的监管力度，促进了数字金融的健康、规范发展。

3.1.2　国内数字金融的发展

　　从我国数字金融的发展历程来看，截至目前，数字金融的发展大体可以分为三个阶段，分别为数字金融发展起步阶段、数字金融发展完善阶段和金融体系数字化转型阶段。

2003~2013年为数字金融发展起步阶段。2003年，阿里巴巴推出支付宝服务，标志着我国金融业务正式开始与信息技术发展中诞生的数字技术接轨。支付宝推出后，以安全、高效、便捷的支付方式颠覆了人们对传统支付方式的认知。随后各大商业银行和互联网公司也意识到移动支付市场的巨大潜力，纷纷开始发展自己的移动支付应用。在这一阶段中，数字金融的发展主要通过信息技术，复刻移动支付取代传统支付的成功，将传统金融服务类业务转变为线上模式，给用户带来了极大的便利（唐松，2020）。用户足不出户就可以办理一些基础金融业务，数字金融的发展表现出普惠特征。2006年，我国就提出推动数字金融发展，在农村成立"两权"抵押试点措施和普惠金融事业部，但是受到经济、科技条件以及人力资源等的制约，数字金融发展存在一系列问题。随着互联网技术的成熟，国家发现了数字金融发展的新方向，通过数字技术为金融服务业赋能，推动数字金融深入发展。

2013~2017年为数字金融发展完善阶段。经过几年的沉淀，我国的数字金融得到迅速发展，移动支付网络越发成熟，数字金融开始覆盖全国。2013年，"余额宝"的出现和普及被业界普遍认为是数字金融发展的新起点。自阿里巴巴上线"余额宝"之后，腾讯的"理财通"以及各大网贷平台相继出现，国内数字金融呈现爆发式增长态势。在这一阶段中，一大批科技信贷和网络理财产品纷纷问世，多样化的产品既提高了投资理财的安全性，又满足了小额投资者的投资需求和小微企业的贷款需求。以最早产生的"余额宝"为例，支付宝用户把零散的闲钱投入余额宝中，在享受低门槛的理财增益的同时，也可以随时将资金从余额宝中提现出来使用。这种便捷的一键式理财得益于数字技术和金融业务的深入融合，凸显了数字金融的优越性。

通过利用支付宝、微信等支付平台，国家能够有效搜集大量用户的个人信息和消费习惯，以这些数据为支撑，数字金融成为实现普惠的有效手段（陈艳华，2023）。近年来，我国数字普惠金融发展呈现出服务主体多元、服务覆盖面较广、移动互联网支付使用率较高的特点，人均持有银行账户数量、银行网点密度等基础金融服务水平已达到国际中上游水平，但仍面临诸多问题与挑战：数字普惠金融服务不均衡，数字普惠金融体系不健全，法律法规体系不完善，金融基础设施建设有待加强，商业可持续性有待提升，等等。

2017 年至今是金融体系数字化转型阶段。随着数字金融的快速发展，新一代数字技术极大拓宽了传统金融服务的范围，使传统金融服务突破时间和空间限制，更具优势。大部分商业银行的存贷款业务等被互联网金融公司取代，导致商业银行的经营利润逐年下降。2022 年，中国人民银行发布《金融科技发展规划（2022－2025 年）》，中国银保监会印发《关于银行业保险业数字化转型的指导意见》，对商业银行数字化转型迈向规范化和体系化提出了具体行动方案。我国各商业银行加快数字化转型的步伐，通过与数字金融公司的紧密合作，从内部着手进行金融科技创新，优化业务流程、促进业务数字化，从而解决因数字金融发展导致的银行经营利润逐年下降的问题。同时这也能在一定程度上推动了市场利率与银行利率的统一，推动我国利率市场的改革，保障我国数字金融稳健发展。在金融体系数字化转型阶段，数字金融的发展离不开我国各级政府的大力引导与扶持。

3.1.3 数字金融与传统金融模式的比较

数字金融与传统金融模式之间存在异同，相同之处为以下三个方面。第一，金融核心功能一致。金融的产生主要是为了实现资源的价值与信用之间的跨期互换。金融在现代经济体系中的核心功能主要包括提升经济效率、调节宏观经济与配置市场资源三方面，无论是传统金融还是数字金融均离不开上述三个核心功能。第二，金融构成要素一致。金融诞生于货币运动的信用过程中，经历了从信用到银行，再到证券、外汇和衍生品的扩充过程。但是数字金融的核心构成要素仍与传统金融相一致，包括金融制度、金融市场、金融机构与金融工具等。数字金融的出现主要还是变革了传统金融的金融行为与金融效率。第三，市场化趋势不变。成熟的金融市场仍是不可或缺的元素。因为市场参与者的逐利性，金融市场化能充分发挥优胜劣汰的作用，巩固金融体系的合理基础。无论是数字金融还是传统金融，最终目标都是深化金融体系的市场体系。

数字金融与传统金融相比，存在以下不同之处。

首先，产生时代背景不同。传统金融诞生于蒸汽与电力时代，电力技术运用推动金融行业的发展，金融行业发展迅速，但金融受到时间和空间的制约，制约了金融的全球化。数字金融诞生于信息时代，数字金融借助区块链和大数据等新一代信息技重塑信息收集、风险定价与资源分配等过程，极大缓解了金融的时空约束问题。

其次，金融参与主体差异。在传统金融的背景下，商业银行是投融资活动的主要参与者，起着金融中介作用。而在数字金融时代，资金的供需双方可以使用 P2P 金融等金融创新工具跨过金融中介机构，直接实现资金的流动（Hasan et al.，2020）。

再其次，金融工具不同。传统金融主要使用硬件实现金融服务与相关流程的数字化，主要包括结算系统、信用系统与交易系统等金融工具。数字金融则将人工智能、区块链、云计算、大数据等新一代信息技术广泛应用于支付、投融资和清算等方面（Lapavitsas & Santos，2008）。

最后，金融模式存在差异。传统金融模式包括以银行为主的间接融资模式和以资本市场为主的直接融资模式。无论是以上哪种模式均要求金融中介机构参与金融交易活动，进而实现资金从供给侧流向需求侧。而数字金融在上述两种模式的基础上开辟了新的金融模式。这种金融模式借助互联网点对点的信息技术优势，能够跨过金融机构，实现市场上现有资金的自行直接匹配（Wang et al.，2020）。

3.1.4　数字金融的特征

随着数字技术与金融的深度融合发展，数字金融发展迅速，并呈现出如下四个显著特征。

一是经济特征。经济特征集中体现在普惠性、长尾性、规模性与市场化等方面（Karlan，2010）。在普惠性上，数字金融借助互联网技术为无法覆盖的地区和用户提供平等接入的金融服务；在长尾性上，数字金融不同于传统金融机构只关注大额、信用资历良好的群体，同样关注小额、无信用或较差但有金融需要的人；规模性上，基于互联网技术发展的背景，摩尔定律使金融业也能产生规模经济；市场化上，数字金融利用新一代信息技术提高了信息的流动效率和效率质量，降低了信息不对称程度。

二是技术特征。数字金融已成为金融创新发展的重要引擎。数字金融的技术特征主要体现在数字化和智能化两方面（Gddstein et al.，2019）。数字金融首先借助数字技术将金融要素数字化与结构化为数字要素，再利用区块链、人工智能、大数据等新一代信息技术，将数字要素转化为金融生产力，最后智能终端和设备技术将金融行为智能化。

三是兼容特征。数字金融相比较于传统金融，更加突出与其他行业兼容的特性。数字金融依靠信息流、资金流等渠道重塑金融与产业间的关系，如数字金融与供应链的融合形成数字供应链金融。

四是监管特征。在金融数字化的过程中，不可避免地会遇到安全和监管问题。一方面数字金融加剧了微观与宏观的系统性金融风险，P2P 爆雷、比特币兴盛等新金融安全问题不断产生；另一方面，数字金融交易隐蔽、相关法律缺失、风险传递速度快等特点，加大了监管难度。相关问题倒逼着数字金融监管的科技化进程，科技监管已成为数字金融的一项突出特征。

3.1.5　数字金融发展的驱动因素

一般来说，数字金融的发展动力取决于传统金融服务的供给水平、科学技术的进步、国家政策的支持等。

（1）传统金融服务供给不足加速了数字金融的跨越式发展。一方面，因为传统金融机构提供的存贷款、保险等金融服务存在信息不对称和地区差异的问题，一些经济落后地区的金融服务无法得到普及。而数字金融服务支持线上业务审批，不需要实体网点。随着互联网的普及和我国网民用户规模不断扩大，我国数字金融展现出巨大发展潜力和广阔发展前景。另一方面，我国的经济增长长期以来始终过于依赖投资回报和政府干预，这也导致了我国金融体系规模庞大，但市场机制狭小的特点，以及金融机构倾向于服务优质企业和人群的偏好，在一定程度上倒逼传统金融向数字金融的转型发展。传统金融体系主要为国有企业、大型企业提供服务，不能满足金融的普遍发展要求。高成本、高门槛、低效率、低覆盖的弊端导致民营企业、小微企业等创新最活跃主体的资金需求失去保障，民营企业、小微企业发展面临融资难、融资贵的困境（雷淳，2021）。在数字金融普惠性的要求下，民营企业、小微企业必将也能够享受低成本、低门槛、高效率的金融服务。传统金融服务供给不足迫使这些民营企业、小微企业寻找新的出路。

因此，数字金融成为了这些企业新的金融渠道，一诞生就得到了广泛应用，发展迅速。当前，我国数字金融发展欣欣向荣，如第三方支付、移动支付、网上借贷等业务居世界领先水平。各大银行均与金融科技公司形成了紧密合作关系，不断推动创新型产品以适应时代发展。数字金融有效缓解了信息不对称问题，使民营企业、中小企业的财务信息越来越透明化，降低了民营企业、中小企业的贷款成本。

（2）科学技术的进步推动了数字金融的应用与推广。物联网、人工智能、量子技术、区块链、云计算等新一代数字技术手段已成数字金融综合竞争力的重要推动力。在智能手机普及的基础上，结合成熟的数字技术，能够有效克服金融服务的时间和空间限制，在各种情况下为更多的用户提供数字金融服务。特别在需控制人员流动的非常时期，接触式的传统金融业务几乎停滞不前，数字金融非接触式的金融服务既满足了疫情防控要求，又满足了用户办理金融业务的需求，因此，数字金融发展的技术和规模进一步得到提升和扩大。科技和生产力的结合将会大大释放数字金融潜在生产力。

大数据、物联网、5G 基础设施和云计算等重要的基础数字技术是数字金融发展的技术支撑，这些技术的高速发展加速了金融数字化转型。数字技术的发展一方面有效降低了信息不对称程度，从而实现了更加精准的风险管理，更好地规避了金融风险。另一方面，数字技术是数字金融重要的动力来源，使得信息处理效率得到显著提升（郭钏，2023）。具体来说，5G 通信设施为传统金融提供数字化转型基础。5G 相比于 4G，在完成数据采集和传输方面，具有高效率、低延时、免布线的特点。通过建设 5G 网点，金融机构和金融科技公司可以为客户提供线上线下自动化服务。

以中国建设银行推出"5G + 智能银行"为例，中国建设银行基于自身的新一代系统和金融科技战略，依托金融云、5G、物联网、AI 等创新技术，加速传统以交易结算为主的柜台式网点向以营销和服务为主的智慧网点的转型，打造出代表未来趋势的新概念"5G + 智能银行"，开创了行业实践先河，为客户提供高效的金融服务。另外，大数据技术主要通过获取、存储、分析数据，为业务运营和管理提供技术指导，物联网主要应用于移动支付、供应链金融、小微信贷风险监测等领域。在大数据和物联网技术的共同作用下实现了数据共享。金融机构可以收集企业在生产过程中使用的生产资料信息，分析个体用户的资金动态，降低了信息不对称程度，能够及时察觉企业潜在的融资风险。此外，云计算支撑下搭建的云平台能够优化资源配置，对金融机构的需求弹性做出动态调整。当云平台中某个设备出现故障时，能迅速将数据复制到其他设备，进而提升银行的金融抗灾能力。

可见，大数据、区块链等数字技术的发展推动了数字金融体系的建立，降低了数字金融的服务门槛和服务成本，扩大了数字金融的服务范围。因此，科学技术的进步是数字金融发展的重要驱动力，数字金融也必将成为未来金融创新发展的大势所趋。

（3）政府的政策支持在数字金融发展过程中起着重要的助推作用。2014 年，"互联网金融"被正式写入我国政府工作报告，奠定了数字金融发展的基础。2015 年 7 月 18 日，中国人民银行等十部门发布的《关于促进互联网金融健康发展的指导意见》提出，互联网金融作为一种全新的金融运作模式，比传统金融更具优势，并积极鼓励、引导互联网金融进行产品、服务和平台创新，鼓励传统金融机构和金融科技公司相互合作，以促进金融数字化发展。2021 年，中国人民银行发布《金融科技发展规划（2022—2025 年)》，强调了技术驱动金融创新，明确了稳妥发展数字金融、金融与科技深度融合的主要任务，进一步推动金融机构数字化转型。

3.2 数字金融的风险与监管

3.2.1 数字金融的风险

金融数字化促进了社会进步，给个人用户带来了便利，但随着数字金融的日益发展，其风险也逐渐显现出来。按风险承担者不同来划分，数字金融风险可以分为以下三个方面。第一，每个具体的金融用户面临着风险。当前数字金融发展阶段已经诞生了让人眼花缭乱的网贷平台，其中也混杂了一些诈骗集团，信息不对称导致了贷款个体无法对网贷平台的可靠性做出准确判断，产生了如庞氏骗局等现象，让贷款者蒙受经济损失。同时，手机用户收到各类网贷平台或金融机构的广告推送短信或电话的现象已经越来越普遍，这意味着手机用户的个人信息已经被泄露（Mitton，2008）。第二，增加了金融机构的风险承担。数字金融推高了银行业的资金成本，加剧了信贷竞争，银行业的存贷利差收窄，加剧银行的风险承担行为。第三，增加了社会不稳定性。数字金融会拉大社会贫富差距，导致多维度的贫困程度，不利于我国经济的高质量发展。

从风险的性质来划分，数字金融风险可以分为流动性风险、信用风险、系统风险，这些风险通常体现在金融机构或金融科技公司上。第一，信用风险。信用风险是指交易双方未能履行合约中的义务而造成经济损失的风险，即存在受信人不能履行还本付息的责任而使授信人的预期收益与实际收益发生偏离的可能性。在理性人假设下，每个人都追逐利益最大化。然而，收益与风险成正比，我国金融发展历程短，金融主体的金融素养普遍不高，一旦遭遇风险，存在违约的可能，导致投资具有高风险性。第二，流动性风险。流动性风险指商业银行虽然有清偿能力，但无法及时获得充足资金或无法以合理成本及时获得充足资金以应对资产增长或支付到期债务的风险（刘芳嘉，2022）。如果商业银行露出不良信号，引起投资者的恐慌，大量投资者同时向商业银行兑现债权，商业银行就可能面临流动性风险。第三，系统风险。金融系统风险是指整个金融系统或整个市场崩溃的风险，通常是因为一些特殊事件的出现，导致市场不断恶化并可能导致最终崩盘。

3.2.2　数字金融的监管

数字金融产品和服务创新的稳定发展与金融监管息息相关，目前我国数字金融监管的首要任务是维护数字金融市场的稳定与公平竞争。但过于严格的监管会限制数字金融的创新发展，也会降低该行业的竞争力并影响消费者金融产品和服务的可获得性。在数字金融前期发展阶段，我国各级政府对数字金融的监管力度相较于传统金融机构比较宽松，推动了我国数字金融的推广与应用。但随着数字金融与传统金融业务的深入融合，监管不足带来的弊端开始显现，许多金融机构利用数字金融监管漏洞逃避监管，引发如 P2P 网贷"爆雷"以及 ICO 融资诈骗等问题，产生了比较严重的社会影响。显然，原有的监管体系已经不能满足数字金融持久、高质量发展要求，数字金融监管体系更新迫在眉睫。

我国现有的监管体制能够在一定程度上控制金融风险，但是数字金融创新降低了监管的精准性，容易导致数字金融监管缺位。监管体系不健全不仅会阻碍数字金融高质量发展，也不利于数字金融持久发展。具体来说，我国数字金融监管还存在以下问题。

首先，我国数字金融监管缺乏专门的法律规范（王茜欣，2022）。一方面，我国针对规范数字金融行业的文件屈指可数，现有的规范性文件也多属于框架性的指导意见，实施起来缺乏执行力。另一方面，由于数字金融与传统金融同受"一委一行两会"的监管，又缺乏专门的法律规范，一些适用于传统金融机构的监管法规未必适用于数字金融，导致监管过程中存在监管重叠和监管空白。

其次，我国数字金融监管立法存在滞后性。金融法规指导着金融市场主体的行为，这一特性要求金融法规是具体的，而不是抽象的。但目前的数字金融市场仍处于动态发展中，需要随时调整监管法规来适应金融市场。

再其次，司法监管主体与行政监管主体责任划分不明。国际上对数字金融监管普遍采用金融商事审判和行政监管相结合的金融风险规制手段，我国数字金融监管也由监管部门和人民法院共同承担数字金融风险治理的责任。两者由于监管定位的不同，在实际操作过程中存在无法用技术手段调解的矛盾。分业监管模式增加了监管的复杂程度，且缺乏整体性、全局性的风险把控，突出了系统性风险。

最后，传统监管失灵使消费者权益失去保障。随着金融的数字化转型，金融科技和信息技术将成为推动数字金融发展的重要力量。在信息时代，信息不对称普遍存在于包括数字金融监管在内的各行各业，信息壁垒的存在导致了数字金融监管存在监管盲区，对新型金融风险的识别、应对能力差等，在这种情况下传统的监管手段失效，金融消费者的权益得不到保障。

在制定新的数字金融监管内容前，需要明确数字金融在我国的发展定位，应将数字金融作为一种新的金融业务模式去监管，而不是作为一项金融科技去监管。首先，数字金融明显差异于金融科技。金融科技注重于具体金融产品、服务和流程的创新。通过互联网技术与通信技术的结合，为用户提供更加高效的金融服务，侧重于技术性特征。而数字金融是将金融与科技结合起来、范围更加广泛的新概念，其内涵与外延会随着金融和科技的发展而不断升级。科技创新只是推动数字金融发展的工具，而其本质是更类似于传统金融服务的数字金融服务模式。

其次，数字金融模式与传统金融模式又有区别。当前，我国金融发展处于数字化转型阶段，数字金融让金融市场呈现出新的姿态。数字金融应用各种金融科技，呈现去中心化、自动化的趋势。数字金融能够为用户提供多元化的金融服务，大大提高金融竞争力和金融服务的效率（辛仰恒，2022）。我国数字金融已经具备包括移动支付、在线贷款、在线投资和数字保险在内的四大商业模式以及各类小众金融服务模式，形成了具有中国特色的金融生态圈。这对数字金融监管提出了更高的要求，监管内容从纯粹的金融产品与服务变成复杂的产业金融模式。

最后，随着金融与科技的深入结合，衍生了许多金融风险，彼此的密切联系，导致了风险更容易传播。广泛应用的新技术如人工智能、区块链以及物联网等也成为了数字金融监管的内容，倒逼着传统的监管模式、监管理念做出相应的调整，使得构建符合数字金融新特征的法律监管体系成为解决当前监管困境的必然选择。

3.3　数字金融的经济与社会效应

3.3.1　提升普惠性

第一，数字金融增强金融服务的可得到性。数字金融注重普惠性，其服务范围覆盖长尾客群，使得在传统金融模式下无法办理投资、贷款等金融业务的群体也能够享受到金融服务，降低了金融服务门槛，同时，提升了这些群体的资金可得性，拓宽了金融扶贫的精度和广度，也正因此才能抓住长尾市场，降低市场成本，激发市场的经济活跃度。不仅如此，数字金融的内涵与外延随着数字技术的发展不断扩张，其服务范围也不断扩大，进而为消费者提供多元化的与时俱进的金融服务。同时，数字金融为老弱病残等弱势群体开通金融服务绿色通道，让每一个用户都能享受到公平公正的金融服务（邓辛和彭嘉欣，2023）。数字金融以最简单但却最高效的服务吸引了大量金融消费者，增强了金融服务的可得到性，进而带动区域经济快速增长。

第二，数字金融降低信贷约束。金融作为现代经济发展的产物，对经济社会发展起着至关重要的作用。但是，近年来，金融排斥的现象越来越严重，而数字普惠金融能够通过互联网平台为消费者匹配有效供给，缓解传统金融中由信息不对称所导致的供给不足、供给浪费等问题，缓解了金融排斥，使得资源使用效率、金融发展水平得到显著提升。合理分配有限的金融资源，能够促进金融产业的自动化、规模化，为金融的可持续发展提供技术支撑（Medhi，2009）。而产业的发展则能直观体现一个国家的经济增长，也能提高居民收入水平，带动居民的消费水平，反过来进一步拉动国民经济增长，形成促进经济持续稳定增长的良性循环。此外，在农村或经济发展较为落后的地区，通常面临更为严重的金融排斥现象，经济增长能够改善这些地区的金融环境，促进企业技术创新，降低信贷约束与金融排斥现象。

3.3.2 推动绿色转型

随着金融数字化进程的不断推进，数字金融带来的新型金融服务模式为我国绿色经济的发展带来潜力。2021 年，《国务院关于加快建立健全绿色低碳循环发展经济体系的指导意见》指出，要"坚定不移贯彻新发展理念"，"统筹推进高质量发展和高水平保护，建立健全绿色低碳循环发展的经济体系，确保实现碳达峰、碳中和目标，推动我国绿色发展迈上新台阶"。当前，我国各金融机构纷纷开展绿色生态运营，打造属于自己的生态圈，为环境保护和社会进步做出贡献。数字金融将更多金融资源投入保护环境、节约资源等低消耗、低成本、高回报、高效率的绿色产业中，优化了金融资源配置，提升了资源使用的效率，促进产业绿色转型（卢建霖，2023），为整个社会创造更加绿色的经济效益。

3.3.3 缩小城乡差距

第一，增加农民收入。一方面，数字金融利用数字技术，为农村地区提供低成本、高覆盖的金融服务，促进了农业经济增长，缩小了城乡差距。数字金融发展不仅可以为农业部门直接提供资本要素，还可以在微观层面提高居民收入和消费水平。资金匮乏始终是困扰农业发展的一大因素，数字金融具有普惠性，缓解了金融排斥现象，降低了融资门槛，破除了时空约束，解决了农民扩大生产的资金需求。随着智能手机普及和金融信息化平台的推广，数字金融服务成本降低，服务范围扩大，服务能力增强。农民通过数字金融获得购买力，调整生产要素结构，增加产出和收入（郝祥如，2021）。此外，数字金融为农民提供农村金融服务，丰富了农民农作之余的金融理财活动，通过购买金融理财产品，定期获得利息收益，让闲余的每一分钱都能够创造价值。另一方面，在遭遇自然灾害的年份，农作物可能减产甚至颗粒无收，农民一年的投入和劳动全都化为泡影，血本无归；抑或是在丰收的年份，整个市场的农作物产量高于市场需求水平，供求关系影响下的市场价格低于均衡水平，造成"谷贱伤农"的悲剧。而农民可以通过数字金融平台购买农业收入保险，对冲收入风险，或弥补风险带来的损失。

第二，促进农村消费。农村消费与经济相互作用，构成良性循环的发展关系。数字金融应用数字支付技术，为农村支付提供便利，促进了农村居民消费水平的提高，推动消费转型升级，优化居民消费结构（何宗樾，2020）。农村居民消费水平的提高增加了对产品的需求量，带动了手工制造业和农业产值的增加，促进经济增长，缩小城乡经济差距。而经济增长又能提升当地消费水平、缓解行业壁垒和优化配套的基础设施，进而促进消费增长。经济增长直接影响了农村居民的消费习惯，促进消费结构的升级，导致农村居民对廉价商品的需求减少，对产品品质提出了更高要求。此外，数字金融的发展加强了农村基础设施建设，完善了交通与物流运输环境，进一步促进了农村经济增长。数字金融符合城乡一体化理论，有效降低了信息获取成本，提高了金融服务效率，实现了城乡在政策上的平等、产业发展上的互补、国民待遇上的一致，让农民享受到与城镇居民同样的文明和实惠，使整个城乡经济社会全面、协调、可持续发展，从而缩小城乡收入差距，进一步缩小农村地区与城市地区的经济差距。

3.3.4 促进技术创新

从宏观层面看，数字金融发展的使用深度、覆盖广度和数字化程度均促进了区域创新能力，数字金融发展具有空间溢出效应，其核心机制是借助创新"激励效应"的产生来增强区域技术创新能力。数字金融通过增加创新产出来提升区域创新能力，这种提升具有空间异质性，不同地区的提升程度不同。数字金融促进区域创新能力主要通过两条重要路径。路径一是改善个体工商户、民营企业以及小微企业的融资环境，解决资金问题，提升区域整体技术创新投入；路径二是健全金融体系建设，推广数字金融覆盖范围，让长尾群体也能享受到同等的金融服务，以进一步推动区域创新产出。

从微观层面看，数字金融发展降低了融资约束，提高了服务效率，激发了企业技术创新的活力（Galhau，2016）。数字金融发展的使用深度、覆盖广度和数字化程度均对技术创新能力的提高起到促进作用，数字金融对企业技术创新的推动作用存在明显的行业和地区差异性。一般而言，民营企业相比于国有企业存在融资困难等问题，数字金融对民营企业技术创新的激励作用较明显。

3.4 技术创新内涵、特征与模式

3.4.1 技术创新的内涵

"创新"一词的概念最早由熊彼特提出，其在《经济发展理论》中指出，创新可以视作重构一个新的生产函数，即改

变原有的生产条件或增加新的生产要素，形成新的生产体系。熊彼特还强调了创新和发明存在本质上的区别，创新是应用新思想与新方法，发明只是创新的一部分，只有当发明在经济领域应用并产生实际收益时，才能称为创新。创新的含义可以归类如下：应用大众所不熟悉的新生产要素；采用一种新的生产方法，该方法并未广泛运用于制造业的生产系统中；开辟新的市场，掌握制造新的原材料，或是尚未商品化的原料；打破传统组织形式，并形成新的组织形式。

随着新技术革命的兴起，新创新理论诞生，并形成"新熊彼特学派"。其将创新归纳为四种形式：引入新思想；创造新思想；同现有观念不同；打破原有观念同时引进新观念。随着技术创新理论越来越受到重视，其研究范围也有所扩充，创新理论起源、创新环境、企业创新动力和障碍因素均被纳入研究范畴。技术创新的内涵也有了进一步的解释，如"技术发明的首次应用是技术创新"（Mansfield，1980）、"技术创新是某项科学技术产品化的发展演变过程"（Moore，1993）、"第一次应用一个或多个新的生产要素或生产模式变化过程就是技术创新"（Freeman，1987）、"科学技术发明的首次应用并产生经济利润的过程是技术创新"（Stoneman，1989）、"技术创新是将原始产品改良为新产品的过程"（OECD，2009）等。

技术创新的主体是企业。首先，从供求角度，大学和科研机构是技术创新的供给方，企业是需求方。技术创新的具体过程为，大学和科研机构等供给方向企业提供技术创新，企业依据已有信息深入分析创新的潜力、市场环境与潜在价值，再根据研究结果将最有潜力的产品投入市场。由此可以看出，企业是与市场邻近度最高且最容易受市场波动影响的经济主体。同时，企业出于利润最大化目标，有动机去了解掌握产品终端的消费需求变化与市场发展动向，而大学或研究机构等技术供应方，由于缺乏创新主体激励，也没有动力去了解与掌握消费需求变动。其次，技术创新绝大部分流程都是由企业独立完成的。这是因为企业生产创新过程中所使用的知识大多具有企业专属特征，是企业在探索中积累而来，大学等相关机构较难获取、吸收或是给予企业相关的知识。最后，基础知识向产品的转化需要经历漫长的过程，新产品研发、商品化、市场化过程中单纯的理论探索是不够的，需要实验检验与市场检验，而在这一过程中大量的金融资源、人力资本的投入成为刚需，而企业是有足够的资源与动机去完成这一创新实践的主体。

3.4.2 技术创新的特征

技术创新呈现以下几个特征。

第一，公共产品特征。公共产品与私人产品相比较具有消费的非竞争性与收益的非排他性。企业技术创新活动是一种投入物资与人力资本，产出专利、论文、专著、配方、工艺等的经济活动。与普通产品生产并没有太大区别，只是以科学技术产品为主要产出形式，而不是物质产品。已有研究认为，知识产品具有或部分具有公共品特征，知识产品的使用并不会造成知识的损耗，反而可能在知识的传播过程中形成新的知识，因而知识在使用方面具有非竞争性特征。知识的复制与传播成本远低于知识的传播成本，高溢出效应使得知识的排他成本极高，这表明知识产品至少具有部分非排他性特征。

第二，外部性特征。外部性指的是经济主体行为对其他经济主体产生的外部影响，而产生这一外部影响的经济主体却没有为此获得补偿或支付成本。技术创新活动中的外部性表现为技术溢出效应，经济中，企业往往可以在不支付相应成本的情况下，从其他企业处获取技术创新成果，进而提升自身的技术创新水平（聂秀华，2021）。企业间产生技术溢出的情况可以归类为三方面。一是示范模仿效应。不同企业的技术创新水平存在差距，创新型企业作为技术的引领者，其在技术上具有一定优势。其他企业可以通过模仿创新企业的技术专利，或是从创新型企业已有产品中获取启发，进而进行新的创新。二是企业关联效应。技术水平优势企业，在与上下游企业产生联系时，其供应商和客户均有可能无偿获取该企业的先进技术。例如，企业的产品创新往往会直接提高客户产品的技术水平；企业为改善中间产品质量不得不对供应商进行技术指导。三是研发人员流动效应。研发人员作为技术知识的载体，其流动将会直接带动新技术知识在企业间的流动，产生技术溢出效应。例如，美国硅谷新的半导体芯片面世以后，通过人员流动不久便成为半导体行业的一般性知识。此外，技术溢出不仅存在同一行业的企业中，还存在于不同行业中，还能通过国际贸易、外商投资在不同国家间产生。由于技术溢出效应的存在，创新成果技术溢出将增加社会整体的收益，但企业却很难从这一现象中获取相应的收益，这必然会导致个人收益与社会收益的差异，进而造成市场失灵，使得技术创新水平远低于社会最优水平。

第三，不确定性特征。不确定性是概率论的专业术语，指的是随机事件是否发生在事先是难以预知的，人们难以预知某项决策可能导致的结果。技术创新是企业为获取商业利润，重新组织生产模式、改进生产工艺，建立起效率更高、费用更低的生产系统，从而推出新的产品，开辟新市场的综合过程。技术创新的不确定性指的是，企业所处环境、自身基础等的局限性可能会导致技术创新难以达到预期的目的。不确定性贯穿企业创新过程的所有环节。一般认为技术创新的不确定性主要体现在技术开发与市场经营的不确定性。技术开发的不确定性指的是，一种新的技术从研发到应用要经历实验样品、中试与产业化等多个过程，每一个阶段都是在上一阶段基础上发展完善的，但企业在每一阶段都可能因为外部环境因素或企业内部因素导致技术开发失败（戚聿东，2023）。市场经营的不确定性是指，企业技术创新的目的是商业化并获取利润，因而企业新产品在进入市场以后要面临消费者产品认同的问题，即使消费者认同了，企业也无法确保能够有充足的市场规模与利润空间收回对应的技术创新成本，而且市场中其他企业的模仿创新也会进一步压缩企业技术创新的利润空间，并加剧企业技术创新的不确定性。

第四，信息不对称性特征。信息不对称指的是经济活动中拥有信息优势的代理方将处于市场交易的有利地位，而拥有信息劣势的委托方将处于市场交易的不利地位。企业技术创新的成果是科学技术，其市场价值较难评估，同时技术创新还具有高度的不确定性特征，由此，企业将产生严重的内外部信息不对称问题。企业创新资源来源有两个渠道——内部融资与外部融资，由于企业技术创新过程中存在严重的信息不对称问题，外部融资成本将高于内部融资成本，加剧了企业外部资金的获取难度，导致企业陷入融资困境，进而抑制企业技术创新。

3.4.3 技术创新模式

依据技术创新内容、技术创新来源、技术创新过程、技术创新路径的不同角度，可以划分不同的技术创新模式。

依据技术创新内容，可以划分为产品创新、工艺创新与商业模式创新三种创新模式。其中，产品创新是指企业通过对现有产品（服务）进行改进升级，以更好地满足客户需求；工艺创新是企业对现有生产流程、生产方式改造，以更高效的方式生产产品；商业模式创新是企业以新的商业形态满足客户需要，扩展市场空间，吸引新的群体。

依据技术创新来源，企业技术创新可以划分为模仿创新、合作创新与自主创新三种模式。其中，模仿创新是企业通过向技术先进企业的学习与模仿，引进、破解、吸收其核心技术知识，实现自身技术的改进与升级；合作创新是企业与企业、高校以及科研机构间通过签订技术协议等方式，开展联合创新，具体有企企合作、产学研合作等方式；自主创新是企业主要依赖自身已有技术知识，通过技术研发、成果转化获取更高的商业利润。

依据技术创新过程，企业技术创新可以分为线性、循环式、整合循环式三种模式。其中，线性创新模式指的是企业推动线性知识的技术传递，实现突破式创新；循环式创新是企业重点关注市场需求与竞争，通过渐进式创新保持自身市场份额的行为；整合循环式创新是企业依照既有产品技术，积极研发新一代产品，进而又为下一代产品研发提供技术基础，在不断的循环中开拓市场份额。

依据技术创新路径，企业技术创新可以归纳为技术整合、生产流程再造与技术孵化三种创新模式。技术整合式创新是企业在对现有技术整合的基础上，进行产品创新，并发展完善产品技术；生产流程再造式创新是企业通过产品流程的优化增强自身竞争力，尤其是建立不可模仿的工艺流程；技术孵化式创新是企业通过加强技术人才的培育、引进，提升自身技术人才储备，进而实现扩展发展空间、提升产品利润的目标。

3.5　民营企业技术创新的影响因素

3.5.1　金融环境

从市场外部因素来看，金融环境是影响民营企业技术创新的重要组成部分，营造良好的金融环境可以有效降低企业创新过程中面临的风险，例如，金融资源供给的稳定性，会直接影响企业的生产经营和技术创新。企业技术创新可以理解为企业为了增加产出而提高生产要素投入的投资行为，企业技术创新需要大量资金的支持，而在传统金融模式下，融资问题普遍存在于民营企业技术创新过程中。其原因在于，技术创新具有一定的保密性，导致融资过程中供求双方存在信息不对称问题。而企业在技术研发过程中具有高投入、零回报的特点，其研发结果也存在失败的可能，其收益是不明确的，对于投资方来说存在高风险。

因此，民营企业要想获得融资需要付出较大的成本，尤其是技术创新型企业，往往面临更昂贵的融资成本。通常，在传统金融服务中存在着供给不足与结构性错配问题。随着数字技术与传统金融的融合与发展，数字化金融能够更好地服务于实体经济，因此，它已经成为我国金融发展的方向与趋势。可见，数字金融拓宽了金融服务的广度与深度，降低了风险识别成本和市场搜寻成本，为民营企业技术创新提供有效金融服务供给，加快其创新驱动发展。

3.5.2　产业政策

产业政策起源于 20 世纪中期的日本，在当时日本的经济政策体系中，政府引导处于主导地位，并推动了日本经济高速、高质量增长。随后，这种政府引导的方式被多个国家所借鉴，是各国政府用来激励创新创业的重要工具。我国在 20 世纪 80 年代引入了该政策。我们国家的产业政策主要分为供给型政策、需求型政策和环境型政策等三类。

供给型政策是指政府为了激励民营企业的创新，从资金供给、技术开发、人才培养、信息服务等要素为民营企业的创新提供政策支持（史丹，2023）。从不同要素的支撑维度来划分，供给型政策又可以分为三大类：第一，创新资金扶持政策。政府通过补贴技术创新的民营企业，激发企业的创新积极性。第二，技术引进政策。政府鼓励和引导民营企业加强技术开发，通过技术创新带动实体经济增长。第三，人才培养支持政策。政府通过推动高等教育普及，重视人才培养，为民营企业创新提供新鲜血液。市场需求决定市场供给，并为民营企业技术创新提供了方向。

需求型政策可以引导企业进行模式创新和组织创新，进而推动技术市场化。需求型政策根据市场不同，又可以划分为国内需求培育政策和国外市场开拓政策。国内需求培育政策是指政府通过补贴消费者、宣传推广等政策，提高技术的公信力，以此推动技术在市场的应用。国外市场开拓政策是指政府通过出口退税和外销渠道等政策扶持民营企业突破发达国家的市场封锁，提高国际竞争力。

环境型政策是指政府通过改善税收优惠、金融支持、法规管制等方面来为民营企业技术创新提供良好的外部环境，并通过完善产业的引导路径和退出机制来构建良好的创新发展软环境。其中，融资支持和税收优惠等政策可以为市场资源导流，加速突破技术创新的研发与应用；准入制度和行业管理设立了企业进入门槛和发展要求，高质量的民营企业有利于提高技术创新的效率。

3.5.3　知识产权保护

科技和金融是推动经济增长的两大主要因素，而知识产权保护能够促进民营企业创新。当前，世界各国政府越来越重视知识产权保护，发达国家通过加强知识产权保护来维持技术领先地位，发展中国家则通过加大知识产权保护力度以及补贴高新技术研发，激发企业进行技术创新，缩小与发达国家的技术差距。由此可见知识产权保护对企业技术创新的重要性。

知识产权保护为民营企业进行技术创新提供了信心（卿陶，2023），民营企业研发动力强、转化效率高、管理运行的机制灵活，从明确的产品需求和定位出发，能够以应用带创新，以创新促应用，从而不断催生新成果、新业态、新模式。

鼓励民营企业创新，还要进一步推进相关政策扎实落地，支持民营企业参与实施国家级、省部级科技重大项目，加快推进科技资源和应用场景向民营企业开放，强化对民营企业创新的风险投资等金融支持，推动科技人才向民营企业流动，支持民营企业建立高水平研发机构，支持民营企业开展国际科技合作。

3.5.4　知识流动

知识经济时代，如何将外部技术知识转化与吸收，并为自身创新所用，显得尤为重要。而知识流动在这一技术创新过程中起到了关键作用。

知识流动带来了新知识，可以避免创新路径锁定。企业间的知识流动加强了知识联结强度，进而为企业提供了丰富的异质性新知识。而对外部新知识的消化吸收与整合，提高了企业自身知识与外部知识的匹配度，加深了企业对内外部知识的认知与理解，能够更新企业自身知识，避免出现"锁定效应。"

此外，知识流动能缩小知识距离，提升创新质量。企业彼此间拥有异质性知识，但知识距离的存在削弱了异质性知识的作用效果。知识流动能够帮企业跨越这一距离，加强企业对异质性知识的理解。开放式创新背景下，外部知识的整合吸收，不仅节约了企业技术创新资源，还有效弥补了企业内部知识不足的缺陷，提高了企业技术创新质量。

3.5.5 高素质人才

高素质人才是企业技术创新的主体，也是不可或缺的投入要素。高素质人才对企业技术创新的影响主要体现在以下几点。

第一，高素质人才具有较强的获取知识与掌握技能的能力。这意味着，高素质人才可以较快地吸收与运用前沿技术，提高企业的技术研发与创新质量（汪秀梅，2023）。第二，人才具有自主创新能力。根据干中学理论，劳动力在工作实践过程中可以不断学习与积累经验，进而提升自身的技术水平与生产能力。对于技能型劳动力也是如此，在日常的创新活动中，高素质人才会不断获取、消化、吸收先进知识并与自身知识进行整合，通过知识再建构，形成新的知识体系。高素质人才在原有的创新活动中不断发展创造出新的想法并改进现有流程，提高技术创新效率。第三，高素质人才的外部性特征。高素质人才规模的扩大可以加快信息传播和知识共享，有助于启发创新思维与灵感，从而整体提高人才的知识与技术能力。此外，人力资本规模的扩大，会加剧竞争压力，外部环境的激励将进一步加强高素质人才改进与创新动机，溢出效应愈发明显。

3.5.6　企业内部治理

公司治理作为一种制度安排，通过正式或非正式的形式协调公司利益相关者，以确保公司决策的科学化与程序化（Hu et al.，2019）。本研究将影响企业技术创新的内部治理因素分为企业规模、企业文化与创新激励等三个方面。

（1）企业规模。首先，从企业资源角度。企业技术创新需要大量的金融资源支持，在激烈的竞争环境下，金融资源获取难度大，对小规模企业更是如此。大型企业资金充裕、利润丰厚、运作稳定、前景较好，竞争优势也相对更为明显。此外，企业规模与企业当地的影响力也存在正相关关系，政府对规模较大的企业有着更多的优待与信任，因此，大规模企业在融资方面和项目审批也更容易获取银行的支持。其次，从企业创新能力角度。中小企业的研发能力相对较弱，从事研发活动容易面临瓶颈，一般没有能力独立从事技术创新与改造，只能从事技术要求相对较低的模仿创新或是采用市场上已经使用或是淘汰的技术。但从企业灵活性角度，小型企业反应灵活，为劳动力支付的价格远低于大型企业，也不需要承担过度的政府压力与社会责任，经营目标相对纯粹。

（2）企业文化。企业文化是企业在日常生产经营活动中的一系列行为准则，可以激发人的潜在创造力与积极性，在企业内部形成强大的凝聚力和推动力。企业员工不仅注重公司利益，也同时注重个人的名誉、成就感等个人价值。如果企业具有内涵丰富与市场发展相适应的文化，能在员工与公司之间形成风险共担、利益共享的集合体，则更有助于激发员工技术创新动力。此外，优秀积极的文化可以吸引更多的创新型人才，进一步促进企业技术创新。此外，技术创新文化的形成，还会在无形之中影响员工的行为活动，激励员工不断推动技术创新。

（3）激励机制。研发人员作为技术创新活动中最为关键的投入要素，激发其工作热情与创新潜力，对提高企业技术创新效率、最大化企业技术创新成果有着十分重要的作用。已有研究成果表明，有效的激励机制能将研发人员的报酬与企业收益结合起来，激发研发人员的创造动力，进而提升企业技术创新绩效。

3.6　金融发展对企业技术创新的影响

金融发展具有减少融资过程的逆向选择行为与道德风险，缓解金融资源需求者和金融资源提供者之间的信息不对称问题，优化技术创新资源配置，管控技术创新风险等作用。

第一，缓解融资约束，优化创新资源。企业技术创新具有融资需求大、创新周期长、不确定性高等特点，这就导致创新融资困难，融资成本相对较高（Hottenrott，2012）。首先，技术创新产出过程具有不确定性，在创新过程中信息不对称引发的道德风险时有发生，因而，企业技术创新的外部融资相对困难。其次，技术创新是知识向成果转化的过程，知识的转化相对困难与漫长，因而，技术创新是一项长期、难以间断的投资。技术创新活动的这两个关键特征都表明，金融发展能有效缓解企业技术创新融资约束问题。

金融体系融资功能的大小可以从两个方面来评价：一是融资难度，集中表现为金融工具的数量与类型上；二是融资成本。存款和贷款是商业银行最基本的功能。从表面上看，银行贷款相对容易，仅需满足贷款条件。一般对于企业来说，其创新活动更倾向于股权融资，而不是银行借款。这是因为银行贷款需要固定资产作为抵押品，技术型企业能充当抵押品的固定资产相对缺乏，而无形资产难以作为贷款的抵押品，因此，企业从银行获得创新贷款非常困难。股权投资者与银行不同，其更为关注企业发展的潜力，也认为技术创新能带来企业绩效的提升与价值的增长，因而，技术创新企业更有可能从股权投资者手里获得创新的资金支持。

第二，提升创新收益，管控创新风险。技术创新的最大特点是高风险性，虽然成功的技术创新活动会带来巨大的收益，但绝大多数技术创新活动并没有产生令人满意的回报。如何管理创新风险，对推动企业技术创新至关重要。流动性风险和收益率风险是企业技术创新过程中最主要的两类风险。流动性风险方面，由于流动性偏好存在，创新投资者往往不愿意投资流动性较差、回报周期长的长期创新项目，而偏好于流动性较好的短期项目。如果金融体系能够为投资者提供良好的变现渠道，将有效缓解创新投资者面临的流动性约束，投资者会更愿意将资金投入周期更长的创新项目，并对企业技术创新产生积极影响。收益率风险是指资产价格变化会产生不确定性，这将导致投资回报难以估计，进而对企业技术创新产生较大影响。一般而言，技术创新程度越大，收益率越高，但其面临的不确定也越高，而金融市场发展能降低创新的不确定性风险，对企业技术创新产生积极作用。

第4章 数字金融对民营企业技术创新的驱动机理

　　随着新一代信息与通信技术的创新突破，科技与金融深度融合，成为新时代我国经济动能转换和高质量发展的重要驱动力。本章在系统总结数字金融特征的基础上，基于"金融机构—企业行为—消费市场"三维分析框架，构建数字金融驱动民营企业技术创新的直接影响机制和间接影响机制。

　　从融资约束角度，数字金融运用数字技术收集与分析多样化的数据，实现高效、低成本的信用评估，有效缓解了民营企业融资过程中的信息不对称问题。此外，数字金融的发展过程中的多元化融资模式极大地丰富了民营企业的融资选择，提高了民营企业的金融资源可得性。从风险承担角度，数字金融依托其数字属性，可以以更低的成本和更快的速度处理海量数据，增强信息用户获取信息的广度和深度，降低信息获取和处理成本，减少信息不对称，提高了企业风险承担水平。从消费升级角度，数字金融凭借其便捷性服务场景、新一代信息科技应用与多渠道金融支撑等一系列方式，拉动与助力消费经济迭代，促进消费结构的升级和多样性，提高了民营企业的销售收入，进而促进技术创新水平。

4.1　直接驱动机制

数字金融事关效率、公平、经济、社会等，具有超越金融概念本身的内涵，是一个多维概念，因此，有必要从多视角分析数字金融对民营企业技术创新的驱动机制。从金融学视角看，数字金融仍没有跳出经典经济学的研究框架。其既可以依据微观框架，如信贷配给理论、信用结构理论、风险溢价理论等，也可以基于宏观角度，如金融抑制问题与金融部门供给能力提升问题等。微观金融学层面，信贷配给理论解释了普惠群体的供给缺口问题。根据信贷配给理论，在信息不对称情况下，若风险溢价过高，即使借款人愿意出更高的价格，银行等金融机构也不愿贷款。即当借款人缺乏有效传递信号的能力时，利率将无法调节信贷供需。此时，信贷市场的失衡已不是价格的问题，而更多的是信贷可得性的问题。在信贷歧视的情况下，小微民营企业将被排除在传统的信贷市场外，无法从常规渠道获取充足的金融资源，进而无法满足其技术创新的需要。宏观金融学层面，金融发展理论指出，由于部分发展中国家政府对金融机构与信贷市场的过分干预与管制，加之发展中国家单一的金融结构，导致中小微民营企业与消费者难以获取足够的金融服务，国家存在普遍的金融抑制问题。因此，即使国家经济增量较大，金融发展程度较快，也难以有效解决金融结构扭曲的深层次问题。从金融学角度，数字金融能缓解信贷歧视与金融结构的扭曲问题，为小微民营企业技术创新提供多层次的融资渠道。

从功能主义视角看，数字金融可以分为两个层面：供给层面与需求层面。供给层面包括可持续性、可得性与价格合理性等。需求层面包括低收入群体、小微民营企业等弱势群体。星焱（2016）归纳出数字金融的"5＋1"界定法，"5"指的是 5 个核心功能——便利性、全面性、安全性、价格合理性与可持续性，"1"指的是面向低收入群体、小微民营企业等。从功能学角度看，数字金融旨在解决中小微民营企业等弱势群体的金融可得性问题，为其技术创新活动提供高效优质的金融服务。

从社会学视角看，数字金融存在正的外部性，是一种社会福利溢出。数字金融超越了单纯的商业，具有社会效益溢出的内在潜质。此外，数字金融还具有技术溢出效应，通过正的外部性推动相关行业与民营企业的技术创新活动的开展和创新能力的提升。

4.2　融资约束间接驱动机制

数字金融运用数字技术收集与分析多样化的数据，实现高效、低成本的信用评估，有效缓解了民营企业融资过程中的信息不对称问题。与此同时，数字金融的发展过程中的多元化融资模式极大地丰富了民营企业技术创新所需的融资选择，提高了民营企业的金融资源可得性。根据不同的参与者和运营模式，数字金融可归纳为三种模式：一是国有商业银行金融创新模式；二是互联网银行模式；三是电商平台融资模式。

第一，国有商业银行金融创新模式。国有商业银行在原有数字金融政策的基础上，积极运用互联网与数字技术为中小企业融资提供便利。如中国工商银行以数字化转型为中心，线上线下并举，推出"小微电子贷"线上品牌。中国农业银行在原有小微企业数字金融政策的基础上，推出了可在线填写企业贷款申请信息、在线实时查询处理进度、足不出户办理小微企业贷款的服务。国有商业银行数字金融创新依托原有中小企业数字金融政策，利用互联网数字技术实现线上服务，为中小企业提供便利。同时，国有商业银行也坚持"普惠"的本质，在贷款利率和担保方面为中小企业提供优惠。与传统线下企业贷款审批流程多、周期长相比，国有商业银行金融创新模式减少了贷款申请时间，提高了贷款效率。在数据利用方面，国有商业银行也在积极探索大数据在民营企业技术创新所需的融资风险控制中的作用，充分发挥其在政府和公共数据方面的优势。此外，国有商业银行数字金融发展相对均衡，不同国有商业银行在民营企业数字金融发展进程中并无明显的规模差距。

第二，互联网银行模式。自 2014 年，中国银行业监督管理委员会批准首批 5 家试点民营银行以来，截至 2020 年，已有 19 家民营银行获准设立。由于民营银行不允许开设网点，所以其依托互联网来开展业务，被称为"互联网银行"。民营银行以数字金融与中小企业信贷为主要业务，涉及中小企业抵押贷款，电子票据贴现、中小企业供应链融资等。总体而言，整体呈现贷款金额小，贷款时间短，担保要求不高等特点。近年来，许多民营银行在互联网大数据等技术投资方面做出了努力，2018 年，新网银行、网商银行与微众银行技术能力达到大数据管理和风险控制标准，2019 年大多民营银行的数字技术应用水平显著提高。与大银行被迫调整业务战略不同，民营银行没有历史包袱，其在智能应用与数字化转型方面快步前行。但目前民营银行发展不平衡，造成这种现象的原因是，不同的民营银行有不同的股东背景，有互联网客户渠道股东背景的民营银行具有先天优势。互联网银行模式的推行，使得民营企业的信贷约束得到较大改观，从而有更多经费投入到创新活动中去。

　　第三，电商平台融资模式。随着中国电子商务的发展，许多开展电子商务业务的中小企业在经营过程中融资困难。电商平台可以感知中小企业融资需求，依托自身数据与技术优势，为电商企业提供数字金融服务。以电子商务业务为基础的平台融资模式还呈现出多业务融合、多平台融合发展的趋势。与传统普惠金融相比，"网商贷"利用云计算、人工智能等技术，实现了快速在线申请、智能审核与贷款的模式。与国有商业银行金融创新模式相比，"网商贷"多局限于有合作关系的电商中小企业，同时，部分借贷产品本身的目的就是提升电商平台主营业务水平。通过"网商贷"使得更多民营企业有足够渠道获得创新资金，从而提升其技术创新水平。

随着数字金融的发展，各种数字金融模式均将民营企业贷款作为其主营业务之一，民营企业的信贷约束得到有效改善。大数据和人工智能技术与金融的深度融合，降低了评估贷款人信用的成本，摆脱了民营企业对贷款抵押品的依赖。此外，数字金融带来的成本降低效应，降低了金融机构与融资平台的平均贷款成本，降低了民营企业贷款的平均利率水平。因而，就影响而言，数字金融的发展不仅仅提高了民营企业的盈利水平，还推动了我国民营企业贷款业务的发展，间接改善了民营企业的融资约束，整体上提升了民营企业技术创新水平。

4.3 风险承担间接驱动机制

基于融资约束与资源依赖理论，企业投资效率由资金的充裕性决定。若企业资金较为充裕，则倾向于投资风险较高的经营活动；若企业资金不足，则不得不放弃一些净现值为正的投资项目，导致投资企业投资决策扭曲，投资效率低下。在外部融资成本远高于内部融资成本、面临强融资约束的情况下，放弃一些净现值为正的投资机会，短期内的确可以一定程度上缓解资金短缺的问题，但从长远看，这一行为是不可持续的。因为没有投资则不可能有收益，过多地放弃高风险投资项目将使企业失去内源性融资机会，即投资决策扭曲引发的投资不足将进一步加剧融资约束。同时，由于资本市场不完善，面临严重融资约束的企业往往不会采取激进的投资策略，也会较少参与高风险与高收益的投资，这将导致已有金融资源的使用效率低下。因此，金融资源相对短缺的企业会表现出保守投资的倾向，即使面对表现出较高收益率与较高投资效率的投资项目，企业由于缺乏风险承担能力，也可能不得不放弃。当企业恢复正常的经营状态，具有较为稳定的现金流时，将表现出较高的风险承担能力，增加创造性想法产生与实施的可能性，对企业技术创新产生积极影响。

　　企业金融资源短缺的关键影响因素有现行融资方式下的融资成本过高、企业贷款抵押不足与金融服务程序复杂导致的效率低下等。从数字属性看，区块链、大数据等新一代信息技术在金融领域的应用极大地简化了烦琐的金融服务流程，提高了融资效率。此外，数字金融借助技术手段在投资者和融资者之间搭建信息桥梁，帮助投资者做出正确的投资决策。从金融属性看，金融机构数字金融技术的采用在降低融资成本、拓宽融资渠道、提高融资效率等方面发挥积极作用，帮助企业解决融资问题。企业对数字金融平台的利用，可以有效发挥数字金融的平台渠道优势和信息技术优势，打破企业现有融资渠道的局限，有效缓解融资问题。由此可见，数字金融的发展可以创新与转变金融产品和服务模式，对企业降低外部融资成本、增强资本市场信贷优势、拓宽融资渠道与方式发挥积极作用，帮助企业的经营与投资活动摆脱资金短缺的限制。同时，随着客户覆盖范围增大，对长尾市场的进一步覆盖，数字金融的发展为企业创造了新的收入来源。数字金融不仅可以有效缓解企业的业绩困境，提高企业对未来收入的预期，而且在同等收入水平下，可以带来更好、风险更低的投资机会。在现金流充足、可持续、未来利润稳定增长有保障的情况下，企业对风险的承担能力也相对提高，愿意为获取高回报而承担较高的风险水平，对技术创新的偏好也有所增长。

同时，根据委托代理与信息不对称理论，管理层具有比股东更多的决策评价信息与内部结构信息。在现代公司制度两权分离的背景下，管理层具有经营与管理公司的权力，可以合理地利用权力配置公司资源以追求特定的利益目标。由于企业管理层存在利用职权谋取个人利益的动机，当企业的管理存在逆向选择与道德风险时，可能会偏离利润最大化目标，局限于关注短期利益而忽视企业的长期利益，进而容易选择技术含量低、风险小的项目，放弃风险高、利润丰厚的创新项目，造成技术创新资源投入与质量不足。

而数字金融依托其数字属性，利用云计算、大数据与区块链等技术手段，可以以更低的成本和更快的速度处理海量数据，增强信息用户获取信息的广度和深度，降低信息获取和处理成本，减少信息不对称。随着信息不对称问题的缓解，委托代理问题也会得到缓解。投融资项目的资金来源和去向在企业内部透明可控，可以减少管理层的道德风险和逆向选择问题，避免管理层自利行为而导致的企业风险承担水平过低与创新决策扭曲现象，进而提升企业技术创新水平。

4.4　消费升级间接驱动机制

数字金融凭借其便捷性服务场景、新一代信息科技应用与多渠道金融支撑等一系列方式，拉动与助力消费经济迭代，促进消费结构的升级和多样性，提高了民营企业的销售收入，进而促进技术创新水平。

数字金融助力消费升级目前主要依托支付、存款、贷款、风险控制、智能科技与业务办理等六个方面。支付方面，数字金融通过第三方支付、代收付、聚合支付等智能支付方式，压缩个人支付时间。存贷款方面，数字金融以智能技术赋能金融机构，为消费者提供多渠道的存贷方式，既满足消费需求又释放消费潜力。风险控制方面，数字金融为消费者提供数字技术，帮助消费者强化智能金融应用，便捷地完成第三方征信等业务。智能科技方面，数字金融为消费者提供私有云、区块链、大数据与微服务等技术，帮助消费者增加多样化消费场景、重塑模式。业务办理方面，数字金融为消费者提供保险与基金应用、生活缴费与资金管理等业务，便捷消费者消费的同时，还扩大消费业务、激活消费者的消费潜力。

数字金融的发展引起居民消费总量与结构的深层次变化，助力消费经济快速迭代。一方面，数字金融的发展极大推进了电子商务的发展，使得我国网络购物规模迅速扩大，激发了消费需求，释放了消费潜力。另一方面，在数字金融的助力下，偏远与数字金融服务滞后地区的金融服务可得性明显提高，满足了中低收入群体的投资需求，促进了包容性发展。数字金融为农村与低收入人群提供定向金融普惠服务，实现消费下沉，增加了农村与不发达地区居民的收入与消费，使得农村与不发达地区居民的消费增速远高于城市与发达地区居民。此外，随着数字金融推动消费总量的增加与扩容，消费升级也成为了必然。

我国居民的消费结构呈现出了新的特征。一是，随着消费者在网购过程中更多地选择免息分期支付，越来越多的教育、娱乐与文化型消费大幅增加，即消费结构由耐用品消费向服务型消费转型，由生存性消费向发展性消费转型。二是，居民的经济实力与收入不同，不同阶层的居民产生个性化、多元化、多层化的消费需求。如此，随着消费规模的扩大，消费结构持续升级与转型并实现多元化，这既推动了产业的技术创新与高端化，又为民营企业技术创新提供了新的市场机会。数字金融有助于扩大消费经济长尾市场、释放消费市场活力，推动消费结构持续升级与转型，进而促进民营企业销售收入增长，激发其创新活力。

总之，随着数字金融的发展，消费者在线的金融需求可以在一定程度上摆脱时间与地理位置的限制，快速有效匹配资金供给方，社会各阶层的消费者均能获取到多样化与多渠道的金融服务，有效延伸消费长尾链，促进消费总量增加、消费结构升级和消费多元化，进而正向激励民营企业技术创新行为。

数字金融对民营企业技术创新的驱动机制如图 4 - 1 所示。

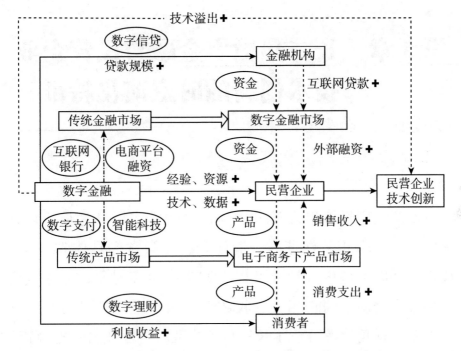

图 4 -1　数字金融对民营企业技术创新的驱动机理

第 5 章 长三角数字金融与民营企业技术创新的时空演化特征

本章运用经济地理学方法，将原始样本划分为长三角整体区域与上海市、江苏省、浙江省、安徽省等具体省（市）样本，并以区域内部地级及以上城市为研究对象，运用核密度估计、全局空间自相关、收敛性分析等经济地理方法，从动态演化视角比较分析了长三角整体区域与区域内各省（市）数字金融发展与民营企业技术创新的时空演变特征。

5.1 研究方法与数据来源

5.1.1 研究方法

1. 核密度估计

核密度估计作为一种非参数估计方法，将研究变量的数据转化为密度曲线的形式，刻画出数据的具体分布形态。核密度估计能随意设定函数形式，变量分布形式受到的约束相对较少。相比较于其他估计方法，核密度估计有着较强的适应性，能够得到更为广泛与普遍性的结论。数字金融与民营企业技术创新数据难以匹配到既定的分布形式，因此，采用核密度估计函数估计两者的分布特征较为合适。核密度估计的具体公式如下：

$$f(x) = \frac{1}{nh} \sum_{i=1}^{n} K\left(\frac{X_i - x}{h}\right) \qquad (5-1)$$

式（5-1）中，n 为样本数量，h 为带宽，$K\left(\dfrac{X_i - x}{h}\right)$ 为核函数。

2. 全局空间自相关

全局空间自相关主要有 *Moran's I* 指数与 *G* 指数。

全局 *Moran's I* 指数主要用以测度区域间某个属性值的空间自相关情况，进而反映邻接区域的空间相似程度，具体公式如下：

$$I = \frac{n \sum_{i=1}^{n} \sum_{j=1}^{n} w_{ij} |x_i - \bar{x}| |x_j - \bar{x}|}{\sum_{i=1}^{n} \sum_{j=1}^{n} w_{ij} \sum_{i=1}^{n} |x_j - \bar{x}|^2} \qquad (5-2)$$

式（5-2）中：x_i 与 x_j 为不同地级及以上城市的数字金融与创新水平值，$\bar{x}$ 为研究对象属性值的平均量；w_{ij} 为空间权重矩阵，以表示空间单元间潜在的作用关系，本研究采用空间地理邻接矩阵来定义长三角各地级及以上城市的空间关系；n

为研究区域单元数。$I \in [-1,1]$，如果其值大于零且通过显著性检验，则表示各地级及以上城市之间研究属性值为空间正相关关系，空间实体呈聚合分布，表明各地级及以上城市之间研究属性值存在空间集聚效应；如果其值小于零且通过显著性检验，则表示地级及以上城市之间研究属性值为空间负相关关系，空间实体呈离散分布，表明各地级及以上城市之间研究属性值存在扩散效应；如果其值等于零且通过显著性检验，则表示各地级及以上城市之间研究属性值互不关联，即研究属性值在空间上呈现随机分布，不存在空间自相关性。总之，全局 Moran's I 指数能够较为准确地表明长三角各地级及以上城市数字金融与民营企业技术创新水平等研究属性值之间空间自相关程度，其绝对值越大且通过显著性检验，表示各地级及以上城市之间研究属性值的空间相关程度越强；反之，则越弱。

全局 G 指数也是用于测度区域间某个属性值的全局聚类情况的常用方法。其主要用以验证研究区域间某个属性值是否存在高值集聚或是低值集聚，其具体的计算方法如下：

$$G(d) = \frac{\sum_{i=1}^{n}\sum_{j=1}^{n} w_{ij}(d)\, x_i x_j}{\sum_{i=1}^{n}\sum_{j=1}^{n} x_i x_j} \qquad (5-3)$$

式（5-3）中：x_i 与 x_j 为不同地级及以上城市的数字金融与创新水平值；$w_{ij}(d)$ 为空间权重矩阵，本研究采用空间地理邻接矩阵来定义空间关系；n 为研究区域单元总数。当

$G(d)$ 显著为正时，说明各区域间存在高值集聚现象，当 $G(d)$ 显著为负时，说明各区域间存在低值集聚现象，当 $G(d)$ 趋于 0 时，说明各区域在空间上呈现随机分布，集聚现象不明显。

3. 收敛分析

（1）σ 收敛。存在 σ 收敛意味着属性值的标准差随着时间的推移而不断缩小，因此，本研究采用 σ 收敛指数描述 2011～2019 年数字金融与民营企业技术创新的演进趋势，计算公式如下：

$$\sigma_p = \frac{\sqrt{\sum_{i}^{n} (y_{ip} - \overline{y_{ip}})^2 / n}}{\overline{y_{ip}}} \qquad (5-4)$$

式（5-4）中，y_{ip} 为 i 地区在 p 时刻的属性值，n 为考察期地级及以上城市数量。

（2）β 收敛。收敛的含义是增长率与属性值呈现负相关关系，也就是初始值较高的地区往往拥有较低的增速，初始值较低的地区往往拥有较高的增速。在发展过程中，低值区不断追赶高值区，最终以同样速度保持稳定发展，则视为收敛，反之则视为发散。β 收敛是揭示经济增长收敛的主要模型之一，β 收敛有绝对收敛和条件收敛两种模型。为验证 2011～2021 年长三角数字金融与民营企业技术创新的收敛态势，并比较其中的收敛差异性，本研究借助绝对 β 收敛和条件 β 收敛模型来进行实证分析。

绝对 β 收敛是指属性值的增长只依赖于其初始值，即不控制其他因素的情况下，所有地区最终都将趋近于同一水平，其具体模型如下：

$$\ln\left(\frac{y_{i,t+1}}{y_{i,t}}\right) = \alpha + \beta\ln y_{i,t} + \delta_i + \varphi_t + \varepsilon_{i,t} \qquad (5-5)$$

式（5-5）中，$\ln\left(\frac{y_{i,t+1}}{y_{i,t}}\right)$ 为 i 地区 t 时期研究属性值的增长率，$\ln y_{i,t}$ 表示 i 地区 t 时期的属性值，β 反映研究变量的收敛情况，且收敛速度的计算公式为 $\tau = -\ln(1+\beta)/t$。

由于不同地区间基础条件的差异性，绝对收敛情况可能会随着外部其他因素的变化而变化，进而不同地区会呈现出不同的稳态。基于绝对 β 收敛模型，引入影响数字金融与民营企业技术创新水平的其他因素，构建如下条件收敛模型：

$$\ln\left(\frac{y_{i,t+1}}{y_{i,t}}\right) = \alpha + \beta\ln y_{i,t} + \gamma\sum\ln z_{i,t} + \delta_i + \varphi_t + \varepsilon_{i,t}$$

$$(5-6)$$

式（5-6）中，$\ln\left(\frac{y_{i,t+1}}{y_{i,t}}\right)$ 与 $\ln y_{i,t}$ 的经济含义与前文相同，$z_{i,t}$ 为纳入的其他控制变量。借鉴已有文献，考虑以下影响因素：用第二产业产值占 GDP 比重测度产业结构（Ind），用实际使用外资占 GDP 比重测度外商直接投资（Fdi），使用固定资本投资占 GDP 的比重来衡量物质资本（Phc），用人均普通高等学校数衡量人力资本（Edu）。

5.1.2　数据来源

本章的研究区域为长三角区域沪苏浙皖四省（市）全部区域，共包含 41 个地级及以上城市。具体包含：上海市；江苏省的南京、苏州、无锡、常州、淮安、宿迁、扬州、盐城、镇江、泰州、南通、连云港、徐州；浙江省的杭州、宁波、温州、绍兴、金华、嘉兴、湖州、台州、衢州、舟山、丽水；安徽省的合肥、淮南、黄山、淮北、安庆、蚌埠、宣城、亳州、芜湖、池州、六安、宿州、铜陵、滁州、马鞍山、阜阳。

本书选取 2011～2021 年长三角 41 个地级及以上城市为研究对象。考虑到《北京大学数字普惠金融指数》第四期公布的数字金融相关数据为 2011～2021 年，同时，2021 年后的地级及以上城市数据还尚未全部公开。因此，为确保数据的质量与连续性，本研究选取 2011～2021 年为研究区间。数字金融相关数据来源于《北京大学数字普惠金融指数（2011～2021）》第四期的地级及以上城市数据。

长三角民营企业技术创新的数据并未有相关专门年鉴，因此，本研究采用年度 A 股的民营上市公司数据作为原始样本，按地级及以上城市简单加总，进而得到地级及以上城市层面的民营企业技术创新数据。原始数据来源于国泰安（CSMAR）数据库与 Wind 数据库。部分缺失数据通过查找与翻阅各上市公司每年公布的统计年报得到。控制变量相关数据主要来自于《中国城市统计年鉴》《中国统计年鉴》与 EPS 数据库等，对于部分缺失数据还根据对应的城市统计公报予以补充。为消除异方差的影响，所有变量均对数化处理。

由于上海市单个城市无法估算其核密度和收敛情况，故在本章中，长三角整体区域分析时，将上海作为一个地级及以上城市样本计算在内，而分省域考察时剔除上海市样本。

5.2 数字金融时空特征

5.2.1 时序变化

为细致考察数字金融发展的动态信息，本研究采用核密度估计方法来探讨长三角与江苏省、浙江省和安徽省等区域内部各地级及以上城市数字金融发展的动态分布特征。核密度估计结果详见图5－1。

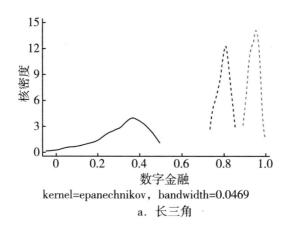

kernel=epanechnikov, bandwidth=0.0469

a. 长三角

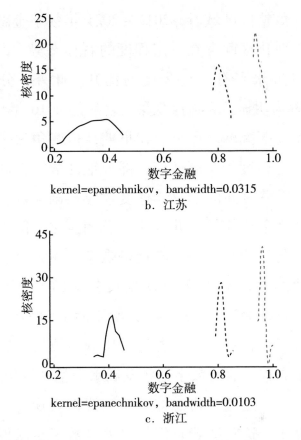

kernel=epanechnikov，bandwidth=0.0315

b. 江苏

kernel=epanechnikov，bandwidth=0.0103

c. 浙江

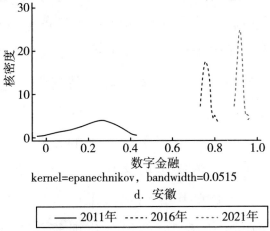

kernel=epanechnikov，bandwidth=0.0515

d. 安徽

―――― 2011年 ------- 2016年 ------- 2021年

图 5 −1　长三角及苏浙皖三省数字金融分布动态

从长三角整体区域看，2011～2021年数字金融的核密度曲线中心与变化区间存在一定程度的右移态势，说明这些年数字金融发展水平有一定程度的提升。此外，分布曲线在2011年表现为明显的左拖尾现象，之后的2016年与2021年，左拖尾现象逐渐减弱。可见，在早期，长三角数字金融发展水平存在一定程度的梯度效应，部分地区数字金融发展水平较为落后；随着时间的推移，梯度效应逐渐减弱，各地区之间数字金融发展差距在逐步缩小。总而言之，随着国家颁布一系列政策与法律法规保障与促进数字金融发展，数字金融发展的均值由2011年的0.3187增长至2016年的0.7957，再到2021年的0.9447，数字金融发展水平稳步提升。

江苏、浙江、安徽等三省份，从分布位置看，总体分布曲线均逐渐右移，表明数字金融发展水平呈现逐年上升趋势。从分布形态看，这三省份总体分布曲线都表现为主峰高度上升，宽度缩小，这意味着它们的等地区数字金融发展的离散程度呈现下降趋势。从分布延展性看，江苏与安徽在2011年均存在明显的左拖尾现象，而浙江省的左拖尾现象并不明显。江苏与安徽的分布延展性总体呈现收敛趋势，这说明江苏与安徽等地区数字金融发展水平较低的地区存在一定的赶超效应，与各地区数字金融发展平均水平的差距在逐渐缩小。从极化现象看，江苏与安徽等地区数字金融的发展并不存在显著的极化现象，主峰的极化形态基本保持稳定。浙江省数字金融的发展存在一定程度的两极分化现象。其中，2016年与2021年，侧峰开始显现，且侧峰的高度逐年增加，这说明浙江省有部分城市数字金融发展水平较高，如杭州等，这些城市数字金融发展水平显著高于平均水平，数字金融发展的内部差异有所提升。

5.2.2　空间演变

为研究 2011～2021 年长三角数字金融的空间演化情况，运用空间自相关方法，计算获得长三角各区域的全局 $Moran's\ I$ 指数与全局 G 指数值，详见表 5-1。

表 5-1　2011～2021 年长三角数字金融全局自相关情况

项目	2011 年	2012 年	2013 年	2014 年	2015 年	2016 年
$Moran's\ I$	0.505	0.578	0.606	0.610	0.582	0.420
$Z(I)$	6.344	5.980	6.363	6.290	6.001	4.400
$P(I)$	0.000	0.000	0.000	0.000	0.000	0.000
$G(d)$	0.102	0.095	0.094	0.094	0.094	0.093
$Z(d)$	2.136	1.284	1.085	1.650	1.274	1.228
$P(d)$	0.033	0.199	0.278	0.099	0.203	0.220
项目	2017 年	2018 年	2019 年	2020 年	2021 年	
$Moran's\ I$	0.490	0.538	0.539	0.544	0.563	
$Z(I)$	5.097	5.566	5.560	5.542	5.832	
$P(I)$	0.000	0.000	0.000	0.000	0.000	
$G(d)$	0.093	0.093	0.093	0.093	0.093	
$Z(d)$	1.222	1.197	1.155	1.041	1.140	
$P(d)$	0.222	0.231	0.248	0.298	0.254	

2011～2021 年长三角数字金融的 $Moran's\ I$ 指数均在 1% 的水平上显著为正，这表明长三角数字金融在空间上呈现集聚分布态势。进一步考察 $Moran's\ I$ 指数值的变化，发现随着时间的推移，长三角数字金融的 $Moran's\ I$ 指数呈现"上升—下降—上升"的波动态势。2011～2014 年，数字金融全局 $Moran's\ I$ 不断上升，由 2011 年的 0.505 上升至 2014 年的 0.610，集聚分布态势不断加强；2014～2017 年，全局 $Moran's\ I$ 指数呈现下降趋势，由 2014 年的 0.610 下降至 2017 年的 0.490，说明该时间段集聚态势虽然存在，但集聚程度有一定程度的减弱；2017～2021 年，全局 $Moran's\ I$ 值又呈现上升态势，由 2017 年的 0.490 增长至 2021 年的 0.563，这表明长三角数字金融的空间集聚程度又有所增强。

从全局 G 指数的测算结果可以看出，2011～2021 年中，除了 2011 年与 2014 年全局 G 指数在 10% 的水平下显著，大部分年份数字金融的全局 G 指数均不显著，可见，长三角整体而言，数字金融在空间上并不存在显著的高值集聚与低值集聚现象。

5.2.3　收敛性

1. σ 收敛

本研究通过测度 2011～2021 年长三角与江苏省、浙江省与安徽省数字金融的变异系数，对长三角数字金融发展的 σ 收敛进行检验，具体结果如图 5-2 所示。

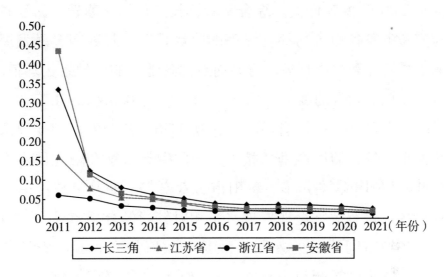

图 5 - 2　长三角及苏浙皖三省数字金融 σ 收敛演变趋势

　　就演变趋势而言，长三角整体层面表现为"迅速下降—缓慢下降"的变化趋势，2011～2016 年呈现迅速下降态势，2016～2021 年呈现小幅下降态势，2021 年的变异系数相比较于 2011 年下降了 0.3094，下降幅度高达 92.4%。

　　从江苏省、浙江省与安徽省等各省域看，考察期内不同省域间变异系数存在一定的差异。2011 年，江苏省的变异系数为 0.1604，2021 年为 0.0165，变异系数下降了 0.1439，降幅为 89.7%；2011 年浙江省的变异系数为 0.0613，2021 年为 0.0134，变异系数下降了 0.0479，降幅为 78.1%；2011 年安徽省的变异系数为 0.4350，2021 年为 0.0199，变异系数下降了 0.4151，降幅为 95.4%。可以发现，在 2011～2021 年期间，江苏省、浙江省与安徽省数字金融的变异系数整体趋势都是相近的，即从 2011 年的最高值，先迅速下降，再缓慢下降至 2021 年的最低值。综合来看，长三角、江苏省、浙江省与安徽省等各地区均存在显著的收敛现象，其数字金融发展的差异有显著缩小趋势。再横向对比各地区的变异系数均值，可以发现安徽省的变异系数均值最大，为 0.0781。江苏省次之，为 0.0456。浙江省最小，为 0.0276。各个省份的变异系数大小与各省的属性密切相关，安徽省有数字金融发展水平较低的宿州市、亳州市、阜阳市、六安市、淮北市与淮南市等地区，也有数字金融发展水平相对较好的合肥市、芜湖市等，各城市间明显的差距导致其收敛值最高。浙江省杭州市、金华市、温州市、嘉兴市、宁波市、绍兴市等数字金融发展水平都相对较好，因而，浙江省收敛值呈现小而收敛的态势。

σ 收敛是对长三角整体以及江苏省、浙江省与安徽省等地区数字金融发展特征的描述性分析，这为各地区经济收敛提供了一个判断性依据。接下来，本研究将从 β 收敛角度实证分析长三角整体区域及江苏省、浙江省与安徽省等地区数字金融发展的收敛性特征。

2. β 收敛

下面用 β 收敛进一步研究长三角、江苏省、浙江省与安徽省等区域数字金融的收敛趋势，以揭示长三角与其区域内各地区数字金融收敛的主要影响因素，参照计量模型选择步骤确定最优模型，结果详见表 5-2。

表 5 - 2　长三角及苏浙皖三省数字金融绝对 β 收敛检验结果

项目	长三角	江苏省	浙江省	安徽省
	（1）	（2）	（3）	（4）
β	-0.302 *** （-46.71）	-0.273 *** （-28.28）	-0.279 *** （-21.32）	-0.329 *** （-31.18）
常数项	1.723 *** （51.35）	1.576 *** （31.25）	1.612 *** （23.33）	1.850 *** （34.40）
地区固定效应	YES	YES	YES	YES
时间固定效应	YES	YES	YES	YES
样本量	410	130	110	160
R^2	0.856	0.873	0.823	0.872
τ（%）	-3.2685	-2.8984	-2.9738	-3.6271

注：*** 表示回归系数在 1% 的显著性水平下显著，括号内数据为 t 值。

表 5 - 2 报告了数字金融绝对 β 收敛的回归结果。其中，列（1）为长三角整体样本的绝对 β 收敛回归结果，可以发现，收敛系数 β 的值为 -0.302，且在 1% 的水平上显著为负，这表明长三角整体上存在绝对 β 收敛现象。列（2）为江苏省的绝对 β 收敛回归结果，可以发现，收敛系数 β 的值为 -0.273，且在 1% 的水平上显著为负，说明江苏省存在绝对 β 收敛现象。列（3）为浙江省的绝对 β 收敛回归结果，可以发现，收敛系数 β 的值为 -0.279，且在 1% 的水平上显著为负，说明浙江省存在绝对 β 收敛现象。列（4）为安徽省的绝对 β 收敛回归结果，可以发现，收敛系数 β 的值为 -0.329，且在 1% 的水平上显著为负，说明安徽省也存在绝对 β 收敛现象。

综上，长三角整体及江苏省、浙江省与安徽省等地区数字金融发展均存在绝对 β 收敛现象；不考虑各地区间现实情况的差异时，各地区数字金融随着时间的推移会保持同步增长。从收敛的速度看，江苏省、浙江省与安徽省三省的收敛速度分别为 2.8984%、2.9738% 与 3.6271%，安徽省收敛速度是江苏省的 1.25 倍，浙江省的 1.22 倍，明显快于江苏省与浙江省的收敛速度，可见数字金融发展水平较低的地区，有着更快的收敛速度，而数字金融发展水平位于中高值的地区，则收敛趋势相对滞后，这一现象与经济增长理论与收敛理论相符。由于现实情况的复杂性，数字金融的发展往往因其所在区域自身的异质性而表现出较大的差异性。因此，本研究进一步加入影响数字金融发展的其他特征性因素，以进一步深入探究数字金融发展的相对 β 收敛情况。

在加入一系列其他影响因素后，条件 β 收敛的回归结果如表 5 - 3 所示。

表 5 - 3　长三角及苏浙皖三省数字金融条件 β 收敛检验结果

项目	长三角	江苏省	浙江省	安徽省
	(1)	(2)	(3)	(4)
β	-0.376 *** (-36.23)	-0.395 *** (-20.80)	-0.376 *** (-12.43)	-0.390 *** (-23.56)
Ind	0.392 *** (8.888)	0.635 *** (4.730)	0.334 *** (3.349)	0.467 *** (7.281)
Fdi	-0.0398 *** (-4.725)	-0.0627 *** (-4.065)	-0.0108 (-0.758)	-0.0152 (-0.675)

续表

项目	长三角	江苏省	浙江省	安徽省
	（1）	（2）	（3）	（4）
Phc	0.0416*	0.0460	0.111	−0.0404
	（1.852）	（1.639）	（1.589）	（−0.902）
Edu	0.000819***	0.0349	0.0200***	0.0230
	（5.0365）	（0.504）	（3.589）	（0.638）
常数项	3.395***	4.139***	3.488***	4.156***
	（15.56）	（5.652）	（6.747）	（11.67）
地区固定效应	YES	YES	YES	YES
时间固定效应	YES	YES	YES	YES
样本量	410	130	110	160
R^2	0.893	0.914	0.855	0.915
τ（%）	−4.2873	−4.5684	−4.2873	−4.4936

注：*** 和 * 分别表示回归系数在 1% 和 10% 的显著性水平下显著，括号内数据为 t 值。

表 5 - 3 的回归结果显示：

第一，显著性方面。长三角整体区域数字金融的 β 收敛的回归系数为 −0.376，且在 1% 的水平下显著。江苏省层面，数字金融的 β 收敛的回归系数为 −0.395，且在 1% 的水平下显著。浙江省层面，数字金融的 β 收敛的回归系数为 −0.376，且在 1% 的水平下显著。安徽省层面，数字金融的 β 收敛的回归系数为 −0.390，且在 1% 的水平下显著。可见，长三角、江苏省、浙江省与安徽省层面各地区数字金融条件 β 收敛的收敛系数的估计值均在 1% 的水平下显著为负，这意味着将初始值以外的产业结构、外商直接投资、物质资本与人力资本等异质性因素引入模型后，各地区仍存在显著的条件 β 收敛现象，随着时间的推移，各地区之间数字金融发展的差异将逐渐缩小，逐步收敛于其各自的稳态水平。

第二，收敛速度方面。长三角及江苏省、浙江省与安徽省等地区数字金融条件 β 收敛的收敛速度分别为 4.2873%、4.5684%、4.2873% 与 4.4936%。相对收敛速度相对于绝对收敛速度发生了明显变化，各地区数字金融的收敛速度均有所提高，说明在考虑了各控制变量的影响后，长三角及江苏省、浙江省与安徽省等地区的收敛效果均有所提升。此外，各地区的收敛速度排名也发生了显著变化，由绝对 β 收敛的安徽省 > 浙江省 > 江苏省转变为江苏省 > 安徽省 > 浙江省，说明在考虑了地区异质性因素后综合实力相对突出的江苏省等地区能率先实现区域内部的协调发展。

第三，控制变量方面。产业结构的系数显著为正，外商直接投资的回归系数为负，物质资本的回归系数为正，人力资本的系数为正。产业结构的系数显著为正，究其原因是，第二产业作为实体经济的重要组成部分，其产业占比的提升，会从需求层面提升对数字金融发展的需求。外商直接投资的系数为负，其原因是，外商直接投资作为企业资金的重要来源之一，外商直接投资的扩大可能会对数字金融发展产生挤占效应。物质资本的系数为正，其原因是，数字金融作为数字经济的重要一部分，其发展也需要大量数字基础设施建设作为基础，同时，物质资本大量投入数字基础设施建设，能有效弥补数字鸿沟，为数字金融进一步发展提供保障。人力资本的回归系数为正，其可能的原因是，人力资本是商业银行数字化转型的智力支撑，伴随技术复杂性增加，数字金融发展对人才的需求日益迫切，人力资本的提升能显著加快数字技术在金融机构中的应用，提升数字金融发展水平。

5.3　民营企业技术创新时空特征

5.3.1　时序变化

（1）本研究借助 Stata17.0 绘制出长三角整体区域、江苏省、浙江省、与安徽省民营企业技术创新投入的曲线图（见图 5-3），以此来考察其时序分布动态。

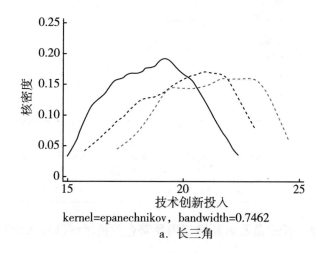

kernel=epanechnikov, bandwidth=0.7462

a. 长三角

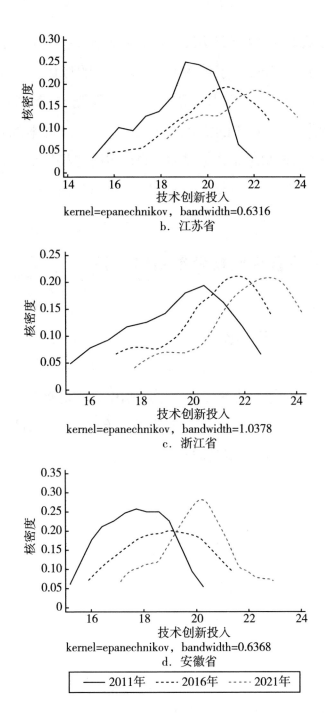

kernel=epanechnikov，bandwidth=0.6316

b. 江苏省

kernel=epanechnikov，bandwidth=1.0378

c. 浙江省

kernel=epanechnikov，bandwidth=0.6368

d. 安徽省

———— 2011年　----- 2016年　------- 2021年

图 5 – 3　长三角及苏浙皖三省民营企业技术创新投入分布动态

　　从长三角整体区域看，2011～2021 年民营企业技术创新投入核密度曲线的中心右移现象明显，主峰高度呈现逐年下降趋势。由此可知，长三角民营企业技术创新投入在整体层面逐步上升，绝对差异有一定程度的缩小。此外，分布曲线的波峰由 2011 年的明显单峰向 2021 年的双峰演变，说明技术创新投入存在一定程度的梯度效应。曲线还存在一定程度的左拖尾现象，据此可以判断，长三角民营企业技术创新投入较高的地区和其余地区的差距有一定程度的扩大趋势。

　　江苏省、浙江省、安徽省核密度曲线的中心均逐步右移，各省份民营企业技术创新投入呈现逐年上升趋势，这与长三角整体区域的变化相吻合。从分布形态上看，江苏省主峰高度逐年下降，浙江省主峰高度逐年上升，安徽省主峰高度先降后升。可见，不同省份的民营企业技术创新投入的离散程度变化存在一定的差异性。从分布延展性看，江苏省和浙江省核密度曲线均存在显著的左拖尾现象，这一现象的主要原因是两省内部部分地级及以上城市明显偏离均值水平，如江苏省的淮安市，浙江省的丽水市。各省域的核密度分布曲线均缺乏平滑性，可见各省均存在一定程度的多极化发展趋势。

　　（2）民营企业技术创新产出的核密度曲线图如图 5-4 所示。

　　从长三角整体区域看，2011～2021 年技术创新产出的核密度曲线中心与变化区间存在一定程度的右移态势，说明这些年长三角技术创新产出有一定程度的提升。此外，分布曲

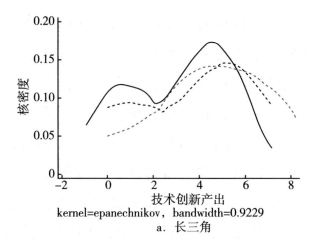

kernel=epanechnikov，bandwidth=0.9229

a. 长三角

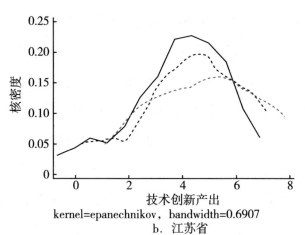

kernel=epanechnikov，bandwidth=0.6907

b. 江苏省

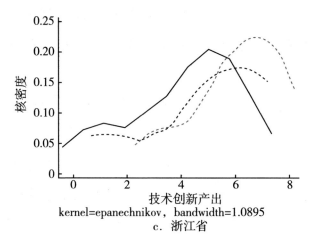

kernel=epanechnikov，bandwidth=1.0895

c. 浙江省

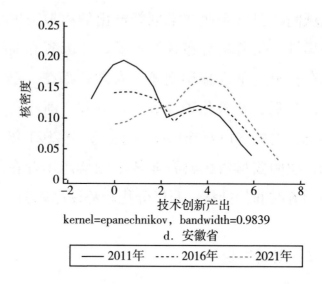

kernel=epanechnikov，bandwidth=0.9839
d.安徽省

——— 2011年　----- 2016年　- - - - 2021年

图 5 - 4　长三角及苏浙皖三省民营企业技术创新产出分布动态

线的波峰由 2011 年明显的双峰转变为 2016 年不明显的双峰，再转变为 2021 年明显的单峰，可见，在早期，长三角民营企业技术创新产出存在一定程度的梯度效应，随着时间的推移，梯度效应逐渐减弱。同时，民营企业技术创新产出核密度曲线的左拖尾现象逐渐减弱。总而言之，随着国家创新驱动发展战略的实施，技术创新产出的均值由 2011 年的 3.118 增长至 2016 年的 3.669，再到 2021 年的 4.466，长三角民营企业技术创新产出稳步提升。

从各省情况看，首先，江苏省、浙江省、安徽省核密度曲线的中心均逐步右移，这三个省的民营企业技术创新产出呈现逐年上升趋势，其中，浙江省与安徽省的右移趋势较为明显。其次，从分布形态上看，江苏省主峰高度逐年下降，浙江省主峰高度先降后升，安徽省主峰高度也先降后升，可见不同区域间，民营企业技术创新产出的离散程度变化存在一定的差异性；接着从分布延展性看，江苏省和浙江省核密度曲线均存在显著的左拖尾现象，安徽省存在一定程度的右拖尾现象。最后，从极化现象看，江苏省、浙江省一直都呈现单峰形态；安徽省以双峰形态为主，直至2021年才逐渐转变为单峰，说明安徽省民营企业技术创新产出存在两极分化趋势，但随着时间的推移，两极分化趋势逐渐减弱。

5.3.2 空间演变

为研究2011~2021年长三角民营企业技术创新投入的空间演化情况，运用空间自相关方法，计算获得长三角各地级及以上城市的全局 $Moran's\ I$ 指数与全局 G 指数值，详见表5-4。

表5-4   **2011~2021年长三角民营企业技术创新投入全局自相关情况**

项目	2011年	2012年	2013年	2014年	2015年	2016年
$Moran's\ I$	0.373	0.380	0.382	0.392	0.392	0.423
$Z\ (I)$	3.680	3.572	3.911	3.679	3.684	3.954
$P\ (I)$	0.000	0.000	0.000	0.000	0.000	0.000
$G\ (d)$	0.099	0.099	0.099	0.099	0.100	0.100
$Z\ (d)$	1.630	1.686	1.920	1.978	1.912	2.111
$P\ (d)$	0.103	0.092	0.055	0.048	0.056	0.035

续表

项目	2017 年	2018 年	2019 年	2020 年	2021 年	
Moran's I	0.408	0.375	0.357	0.362	0.412	
$Z(I)$	3.833	3.550	3.384	3.425	3.852	
$P(I)$	0.000	0.000	0.000	0.000	0.000	
$G(d)$	0.100	0.100	0.100	0.100	0.100	
$Z(d)$	1.874	2.058	1.974	2.046	2.110	
$P(d)$	0.061	0.040	0.048	0.041	0.035	

2011~2021 年长三角民营企业技术创新投入在空间上呈现集聚分布态势，且随着时间的推移，呈现"上升—下降—上升"的波动趋势。2011~2016 年，全局 *Moran's I* 不断上升，由 0.373 上升至 0.423，集聚分布态势不断加强；2016~2019 年，全局 *Moran's I* 呈现下降趋势，由 0.423 下降至 0.357，但仍在 1% 的水平上显著，说明该时间段集聚态势仍存在，但集聚程度有一定程度的减弱；2016~2021 年，全局 *Moran's I* 值又呈现上升态势，由 0.357 增长至 0.412，这表明长三角区域民营企业技术创新投入的空间集聚程度增强。

从全局 *G* 指数的测算结果可以看出，2011~2021 年长三角区域民营企业技术创新投入在空间上存在显著的高值集聚与低值集聚现象，说明长三角区域民营企业创新投入在这一时期都集中于若干个热点区域，这些热点区域的民营企业技术创新活动往往较为活跃。全局 *G* 指数基本维持不变，2011~2014 年均为 0.099，2015 年全局 *G* 指数增长至 0.100。除了2011 年，其余年份的全局 *G* 指数均在 10% 的水平下显著，可见长三角民营企业技术创新投入的空间集聚现象及其强化趋势仍显著存在。

表 5-5 为 2011~2021 年长三角民营企业技术创新产出的全局 *Moran's I* 指数与全局 *G* 指数值。

表 5-5　　2011~2021 年长三角民营企业技术创新产出全局自相关情况

项目	2011 年	2012 年	2013 年	2014 年	2015 年	2016 年
Moran's I	0.416	0.420	0.535	0.537	0.558	0.558
$Z(I)$	5.329	4.097	5.151	5.166	5.352	5.356
$P(I)$	0.000	0.000	0.000	0.000	0.000	0.000
$G(d)$	0.123	0.124	0.128	0.131	0.131	0.131
$Z(d)$	4.036	3.239	3.571	3.937	3.961	3.886
$P(d)$	0.000	0.001	0.000	0.000	0.000	0.000
项目	2017 年	2018 年	2019 年	2020 年	2021 年	
Moran's I	0.596	0.570	0.556	0.484	0.491	
$Z(I)$	5.718	5.470	5.341	4.706	4.881	
$P(I)$	0.000	0.000	0.000	0.000	0.000	
$G(d)$	0.123	0.127	0.129	0.128	0.136	
$Z(d)$	3.423	3.638	3.886	3.350	3.778	
$P(d)$	0.000	0.000	0.000	0.000	0.000	

2011~2021 年长三角民营企业技术创新产出在空间上也同样呈现集聚分布态势。随着时间的推移，全局 *Moran's I* 指数呈现"上升—下降—上升"的波动趋势。2011~2017 年，

全局 *Moran's I* 不断上升，由 0.416 上升至 0.596，集聚分布态势不断加强；2018 年全局 *Moran's I* 呈现下降趋势，由 2017 年的 0.596 下降至 0.570，再进一步下降至 2020 年的 0.484；2021 年全局 *Moran's I* 指数又重新上升，这说明长三角区域民营企业技术创新产出的空间集聚程度增强。可以发现，长三角民营企业技术创新产出全局 *Moran's I* 指数的变化趋势与长三角民营企业技术创新投入全局 *Moran's I* 指数的变化趋势基本相似。

从全局 *G* 指数的测算结果可以看出，2011～2021 年长三角区域民营企业技术创新产出在空间上存在显著的高值集聚与低值集聚现象，说明长三角区域民营企业创新产出都集中于若干个热点区域。全局 *G* 指数整体呈现出"上升—下降—上升—下降—上升"的波浪形上升趋势，表明长三角民营企业技术创新产出的高值集聚与低值集聚情况在一定程度上有所加强。具体而言，2011～2016 年，长三角民营企业技术创新产出的全局 *G* 指数不断上升，空间集聚态势不断强化；2017 年全局 *G* 指数下降至 0.123；2018 年又创新上升至 0.127；2019 年进一步增长至 0.129；2020 又下降至 0.128；2021 年再次增长，增加至 0.136。

5.3.3　收敛性

1. σ 收敛

本研究利用变异系数法来测算长三角整体区域与江苏省、

浙江省、安徽省的民营企业技术创新投入与技术创新产出的 σ 收敛值。图 5 – 5 为技术创新投入的 σ 收敛演变趋势。

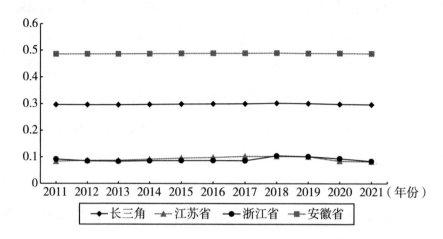

图 5 – 5　长三角及苏浙皖三省企业技术创新投入 σ 收敛演变趋势

由图 5 – 5 可知，就演变趋势而言，长三角整体层面的下降趋势并不明显，呈现"波动上升—小幅下降"的变化趋势。具体表现为：2011 ~ 2018 年保持波动上升态势，2018 ~ 2021 年呈现小幅下降态势，其中 2018 年相比较于 2011 年变异系数增长了 0.0061，增幅为 2.044%，2021 年相比较于 2018 年变异系数下降了 0.0056，降幅为 1.878%。

从江苏、浙江、安徽三省看，考察期内不同省域的变异系数变化趋势存在一定的差异性。其中，江苏省呈现"波动上升—大幅下降"的变化态势，上升阶段发生在 2011 ~ 2018 年，下降阶段发生在 2018 ~ 2021 年，考察期内变化趋势整体上看以下降为主，其中 2018 年相比较于 2011 年变异系数增长了 0.0196，增幅为 23.465%，2021 年相比较于 2018 年变异系数下降了 0.0201，降幅为 19.478%。浙江省呈现"波动下降—迅速上升—缓步下降"的变化态势，波动下降发生在 2011 ~ 2017 年，迅速上升阶段发生在 2017 年，下降阶段发生在 2018 ~ 2021 年，考察期内变化趋势整体上看以下降为主，其中 2017 年相比较于 2011 年变异系数下降了 0.0053，降幅为 5.7847%；2018 年相比较于 2017 年，变异系数增长了 0.0183，增幅为 21.1646%；2021 年相比较于 2018 年变异系数下降了 0.0207，降幅为 19.7804%。安徽省呈现"波动上升—波动下降"的变化态势，上升阶段发生在 2011 ~ 2018 年，下降阶段发生在 2018 ~ 2021 年，考察期内变化趋势整体上看以上升趋势为主，其中 2018 年相比较于 2011 年变异系数增长了 0.0044，增幅为 0.9109%；2021 年相比较于 2018 年变异系数下降了 0.0023，降幅为 0.4651%。横向对比变异系数值发现，长三角、江苏省、浙江省与安徽省 σ 收敛值分别为 0.2985、0.0926、0.0902 与 0.4881，其中，浙江省与江苏省 σ 收敛值较低，安徽省 σ 收敛值最高。

可见，浙江省与江苏省内部大部分地级及以上城市发展水平大致相当，变异系数值最小。而安徽省内部各地级及以上城市差距相对较大，因此变异系数呈现大而发散的态势。综合来看，长三角及江苏、浙江与安徽等地区民营企业技术创新投入均不存在显著的 σ 收敛现象。

图 5 - 6 为长三角整体区域与江苏省、浙江省、安徽省的民营企业技术创新产出的 σ 收敛演变趋势。

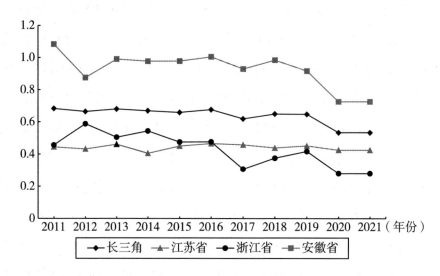

图 5-6　长三角及苏浙皖三省企业技术创新产出 σ 收敛演变趋势

由图 5-6 可知，就演变趋势而言，长三角整体民营企业技术创新产出呈现波动下降态势，下降阶段主要集中于 2011～2012 年、2013～2015 年、2016～2017 年、2018～2021 年，2021 年相比较于 2011 年，变异系数下降了 0.1491，降幅达 21.8322%。由此可知，长三角民营企业技术创新产出存在显著的 σ 收敛现象，各地区之间的差异会随着时间的推移逐步消失。

从江苏、浙江、安徽三个省看，考察期内不同省的民营企业技术创新产出的变异系数整体上都以下降为主，但具体的变化趋势存在一定的差异性。其中，江苏省的下降阶段主要集中于 2011～2012 年、2013～2014 年、2016～2017 年、2019～2021 年这四个时间段，2021 年相比较于 2011 年，变异系数下降了 0.0195，降幅达 4.3797%。浙江省的下降阶段主要集中于 2012 ~ 2013 年、2014 ~ 2017 年、2019 ~ 2021 年这三个时间段，2021 年相比较于 2011 年，民营企业技术创新产出变异系数下降了 0.1771，降幅达 38.8217%。安徽省的下降阶段主要集中于 2011 ~ 2012 年、2013 ~ 2014 年、2016 ~ 2017 年、2018 ~ 2021 年这四个时间段，2021 年相比较于 2011 年，民营企业技术创新产出变异系数下降了 0.3568，降幅达 32.9611%。

横向对比变异系数值发现，长三角、江苏省、浙江省与安徽省 σ 收敛值分别为 0.6375、0.4414、0.4273 与 0.9261，其中，浙江省的 σ 收敛值最低，江苏省次之，安徽省 σ 收敛值最高，这与各省内部包含的城市属性密切相关。浙江省与江苏省各城市创新发展水平较高，各城市之间差距也相对较小。安徽省内部各城市创新发展水平较低，各城市民营企业技术创新产出水平参差不齐，因此变异系数较大。综合来看，长三角及江苏、浙江与安徽等地区民营企业技术创新产出均存在一定程度的 σ 收敛现象。

2. β 收敛

本研究将分析长三角整体区域、江苏省、浙江省与安徽省等区域民营企业技术创新的收敛趋势，以揭示长三角与其内部各地区民营企业技术创新水平收敛的主要影响因素。本研究参照计量模型选择步骤确定最优模型，结果详见表 5 – 6。

表 5 - 6　　　　长三角及苏浙皖三省民营企业技术创新

绝对 β 收敛检验结果

项目	技术创新投入				技术创新产出			
	长三角	江苏省	浙江省	安徽省	长三角	江苏省	浙江省	安徽省
	(1)	(2)	(3)	(4)	(5)	(6)	(7)	(8)
β	-0.132*** (-6.048)	-0.110*** (-3.006)	-0.139*** (-3.362)	-0.157*** (-4.034)	-0.372*** (-8.585)	-0.397*** (-4.882)	-0.291*** (-3.873)	-0.494*** (-6.346)
常数项	2.650*** (6.618)	2.439*** (3.350)	3.099*** (3.661)	2.582*** (4.349)	1.465*** (9.223)	1.770*** (5.094)	1.588*** (4.345)	1.118*** (6.655)
地区固定效应	YES	YES	YES	YES	YES	YES	YES	YES
时间固定效应	YES	YES	YES	YES	YES	YES	YES	YES
样本量	410	130	110	160	410	130	110	160
R^2	0.090	0.072	0.103	0.102	0.167	0.170	0.133	0.220
τ (%)	1.2869	1.0594	1.3606	1.5526	4.2292	4.5985	3.1264	6.1929

注：*** 表示回归系数在1%的显著性水平下显著，括号内数据为 t 值。

图 5-6 中，列（1）~列（4）为技术创新投入的收敛性分析，列（5）~列（8）为技术创新产出的收敛性分析。可以发现，无论是民营企业技术创新投入还是技术创新产出角度，长三角与江苏省、浙江省与安徽省等地区的 β 收敛系数均小于 0，且都在 1%的水平下显著，这表明长三角及江苏省、浙江省与安徽省等地区民营企业技术创新水平存在绝对 β 收敛现象，即在不考虑现实各区域间差异性的情况下，各区域的民营企业技术创新水平最终都会随着时间的推移而保持相对

同步的增长。从收敛趋势看，长三角及江苏省、浙江省与安徽省等地区民营企业技术创新投入的收敛速度分别为1.2869%、1.0594%、1.3606%与1.5526%，民营企业技术创新产出的收敛速度分别为4.2292%、4.5985%、3.1264%、6.1929%。可以发现，无论是投入角度还是产出角度，安徽省的收敛进程都显著快于江苏省与浙江省，这体现着民营企业技术创新水平较低的地区有着较快的收敛速度，而民营企业技术创新水平位于相对较高水平的浙江省与江苏省等地区则收敛趋势相对滞后。这一现象与经济增长理论与收敛理论相吻合。

现实情况下，长三角各地区存在显著的差异性，民营企业技术创新水平也会受到其他因素的影响，因此，本研究进一步纳入产业结构、外商直接投资、物质资本与人力资本等影响因素，探究各地区的相对 β 收敛情况，检验结果如表5-7所示。

表 5-7　　　　长三角及苏浙皖三省民营企业技术创新

条件 β 收敛检验结果

项目	技术创新投入				技术创新产出			
	长三角	江苏省	浙江省	安徽省	长三角	江苏省	浙江省	安徽省
	(1)	(2)	(3)	(4)	(5)	(6)	(7)	(8)
β	-0.223 *** (-7.970)	-0.310 *** (-4.599)	-0.327 *** (-5.752)	-0.220 *** (-4.404)	-0.439 *** (-9.661)	-0.541 *** (-5.745)	-0.501 *** (-5.839)	-0.523 *** (-6.587)
Ind	-0.856 *** (-3.700)	-1.349 (-1.479)	-1.220 ** (-2.125)	-0.843 ** (-2.556)	-1.555 *** (-3.624)	-1.605 (-1.202)	-1.218 (-0.978)	-1.424 ** (-2.383)

续表

项目	技术创新投入				技术创新产出			
	长三角	江苏省	浙江省	安徽省	长三角	江苏省	浙江省	安徽省
	(1)	(2)	(3)	(4)	(5)	(6)	(7)	(8)
Fdi	-0.112**	-0.247**	-0.0780	0.137	-0.0172	-0.245	-0.0921	0.327
	(-2.220)	(-2.452)	(-0.872)	(0.991)	(-0.165)	(-1.316)	(-0.453)	(1.197)
Phc	0.129	0.0551	0.670**	0.209	0.0539	0.434	1.823**	0.735*
	(1.125)	(0.304)	(2.028)	(0.955)	(0.237)	(1.258)	(2.561)	(1.715)
Edu	0.105	-0.405	0.213	0.202	0.230	0.211	0.261	0.183
	(0.807)	(-0.833)	(0.990)	(1.005)	(0.862)	(0.240)	(0.550)	(0.461)
常数项	7.531***	8.142	12.52***	8.488***	6.465***	8.059	6.244	7.556**
	(5.228)	(1.550)	(3.924)	(3.409)	(2.888)	(0.990)	(1.124)	(2.028)
地区固定效应	YES	YES	YES	YES	YES	YES	YES	YES
时间固定效应	YES	YES	YES	YES	YES	YES	YES	YES
样本量	410	130	110	160	410	130	110	160
R^2	0.157	0.184	0.276	0.148	0.207	0.228	0.284	0.254
τ (%)	2.2938	3.3733	3.6001	2.2587	5.2549	7.0791	6.3195	6.7294

注: ***、** 和 * 分别表示回归系数在1%、5%和10%的显著性水平下显著, 括号内数据为 t 值。

表5-7中, 列 (1) ~列 (4) 为技术创新投入的 β 收敛性分析, 列 (5) ~列 (8) 为技术创新产出的 β 收敛性分析。回归结果显示:

第一, 显著性方面。长三角整体区域、江苏省、浙江省与安徽省的 β 系数的估计值均在1%的水平下显著为负, 这意味着将初始值以外的产业结构、外商直接投资、物质资本与人力资本等异质性因素引入模型后, 各地区仍存在显著的 β 收敛现象, 且民营企业技术创新水平将逐步收敛于其各自的稳态水平。

第二，收敛速度方面。长三角及江苏省、浙江省与安徽省的民营企业技术创新投入收敛速度分别为 2.2938%、3.3733%、3.6001% 与 2.2587%，民营企业技术创新产出的收敛速度分别为 5.2549%、7.0791%、6.3195%、6.7294%。相对收敛速度相对于绝对收敛速度发生了明显变化，各地区的收敛速度均有所提高，说明在考虑了各控制变量的影响后，长三角及江苏省、浙江省与安徽省等地区的收敛效果均有所提高。同时，各个地区收敛速度的排名也发生了明显的变化。相对收敛速度上，民营企业技术创新投入角度，浙江省以 3.6001% 的收敛速度位居第一，民营企业技术创新产出角度，江苏省以 7.0791% 的收敛速度位居第一。这说明在考虑了地区异质性因素后，综合实力相对突出的浙江省与江苏省等地区能率先实现区域内部的协调发展。

第三，控制变量方面。产业结构的回归系数与外商直接投资的回归系数为负，物质资本的回归系数为正，人力资本的系数在所有方程中均不显著。产业结构的系数为负，究其原因是，产业结构优化能为先进技术与前沿知识应用提供良好平台，增强企业绿色技术研发与应用意愿，但产业结构的过度重型化也可能会造成严重的过度竞争与产能过剩问题，对企业的创新发展产生不利影响。外商直接投资的系数为负，其可能原因在于，外资在带来先进技术的同时，也可能使得本土民营企业陷入"技术升级陷阱"，导致本土民营企业技术动力不足，对民营企业创新投入与创新产出造成不利影响。

物质资本的系数为正，说明物质资本的提高可以增强城市的基础设施供给，为民营企业的技术交流与研发活动提供便利，同时，会对民营企业技术创新产生规模效应，有助于民营企业扩大产品市场规模并分摊研发成本，提高民营企业创新投资回报，刺激民营企业技术创新。人力资本的系数不显著，原因在于，人力资本虽然是企业进行生产研发活动的重要要素，但对创新活动影响较大的是高端人力资源，创新活动对低端的不适配劳动力的敏感性相对较低，因而，非高端人力资源水平提升，对民营企业技术创新水平的影响相对有限。

5.4 结论与讨论

本章以 2011～2021 年长三角 41 个地级及以上城市为研究对象，运用核密度估计、全局空间自相关、收敛性分析等方法，探究了长三角数字金融与民营企业技术创新水平的动态演进与收敛性问题。研究得到以下几个结论。

第一，核密度分析。结果表明，长三角整体区域数字金融的核密度曲线中心与变化区间存在一定程度的右移态势，分布曲线在 2011 年表现为明显的左拖尾现象，之后的 2016 年与 2021 年左拖尾现象逐渐减弱。江苏省、浙江省、安徽省等省域层面的数字金融分布曲线均逐渐右移，同时，江苏、浙江与安徽总体分布曲线都表现为主峰高度上升，宽度缩小。

长三角整体区域民营企业技术创新投入核密度曲线的中

心右移趋势明显，主峰高度呈现逐年下降趋势。江苏省、浙江省、安徽省等省域民营企业技术创新投入的核密度区域的中心均逐步右移，江苏省主峰高度逐年下降，浙江省主峰高度逐年上升，安徽省主峰高度先降后升。长三角整体区域民营企业技术创新产出的核密度曲线中心与变化区间存在一定程度的右移态势，分布曲线的波峰由 2011 年明显的双峰转变为 2016 年不明显的双峰，再转变为 2021 年明显的单峰。江苏省、浙江省、安徽省等省域民营企业技术创新产出核密度区域的中心均逐步右移，同时，分布形态上，江苏省主峰高度逐年下降，浙江省主峰高度先降后升，安徽省主峰高度也先降后升。

第二，空间自相关分析。结果表明，2011～2021 年长三角数字金融的 $Moran's\ I$ 指数均在 1% 的水平上显著为正，且 $Moran's\ I$ 指数值呈现"上升—下降—上升"的波动态势。数字金融的全局 G 指数在大部分年份均不显著，即数字金融在空间上并不存在显著的高值集聚与低值集聚现象。2011～2021 年长三角民营企业技术创新投入与产出在空间上均呈现集聚分布态势，全局 $Moran's\ I$ 指数随着时间的推移，呈现"上升—下降—上升"的波动趋势。全局 G 指数的测算结果显示，长三角区域民营企业技术创新投入在空间上存在显著的高值集聚与低值集聚现象，长三角民营企业技术创新产出在空间上也同样呈现集聚分布态势。

第三，σ 收敛分析结果表明，数字金融变异系数在长三角整体层面表现为"迅速下降—缓慢下降"的变化趋势，具体表现为 2011～2016 年呈现迅速下降态势，2016～2021 年呈现小幅下降态势；考察期内，江苏省变异系数下降了 0.1440，浙江省变异系数下降了 0.0479，安徽省变异系数下降了 0.4151。综合来看，长三角整体区域、江苏省、浙江省与安徽省等各区域数字金融均存在显著的收敛现象。

民营企业技术创新投入在长三角整体层面的下降趋势并不明显，呈现"波动上升—小幅下降"的变化趋势，江苏省呈现"波动上升—大幅下降"的变化态势，浙江省呈现"波动下降—迅速上升—缓步下降"的变化态势，安徽省呈现"波动上升—波动下降"的变化态势。综合来看，长三角及江苏、浙江与安徽等地区民营企业技术创新投入均不存在显著的 σ 收敛现象。民营企业技术创新产出在长三角整体层面呈现波动下降态势，下降阶段主要集中于 2011～2012 年、2013～2015 年、2016～2017 年、2018～2021 年，江苏省的下降阶段主要集中于 2011～2012 年、2013～2014 年、2016～2017 年、2019～2021 年，浙江省的下降阶段主要集中于 2012～2013 年、2014～2017 年、2019～2021 年，安徽省的下降阶段主要集中于 2011～2012 年、2013～2014 年、2016～2017 年、2018～2021 年。综合来看，长三角及江苏、浙江与安徽等地区民营企业技术创新产出均存在一定程度的 σ 收敛现象。

第四，β 收敛分析结果表明，长三角整体区域、江苏省、浙江省与安徽省等地区数字金融发展均存在绝对 β 收敛现象，各地区收敛速度分别为 3.2685%、2.8984%、2.9738% 与 3.6271%。进一步加入影响数字金融发展的其他特征性因素后，各地区数字金融仍存在显著的条件 β 收敛现象，长三角整体区域、江苏省、浙江省与安徽省的收敛速度分别变为4. 2873% 、4. 5684% 、4. 2873% 与 4. 4936% 。相对收敛速度相对于绝对收敛速度均有所提高。控制变量表现为：产业结构的系数显著为正，外商直接投资的回归系数为负，物质资本的回归系数为正，人力资本的系数为正。

长三角与江苏省、浙江省与安徽省等区域民营企业技术创新水平存在绝对 β 收敛现象，将产业结构、外商直接投资、物质资本与人力资本等异质性因素引入模型后，各地区仍存在显著的 β 收敛现象，且相对收敛速度相对于绝对收敛速度均有所提高。控制变量表现为：产业结构的系数与外商直接投资的回归系数为负，物质资本的回归系数为正，人力资本的系数在所有回归模型中均不显著。

第6章 数字金融驱动长三角民营企业技术创新的直接效应

本章将在前面章节的基础上，基于驱动机理和现实依据，试图探讨数字金融与长三角民营企业技术创新之间的关系。本研究将运用理论分析数字金融与长三角民营企业技术创新的关系，并提出相应的假设，再通过多元回归模型、双重差分模型、分位数回归模型等一系列模型探索分析数字金融与长三角民营企业之间的驱动关系以及异质性问题。

6.1 理论假设

微观企业作为技术创新的主体，其技术研发投入与创新产出水平直接关乎经济创新型发展的进程。民营企业，相比较于国有企业，创新融资与风险分散能力较弱，因而，其往往面临创新融资困难、创新风险较高等问题，进而导致其创新动力缺失，创新投入不足。数字金融以市场主导、新兴科技为基础，延伸了传统金融服务市场边界，变革了传统金融市场，同时，也对金融服务的效率与质量产生深刻影响。数字金融的发展对信贷市场与资本市场的投融资活动产生了广泛影响，给民营企业技术创新带来了新的机遇，具体可以归纳为"增量补充"与"存量优化"两方面。

"增量补充"是指数字金融通过大数据、云计算、人工智能等数字技术在金融市场中的广泛应用，发现与吸收市场中潜在的金融资源并有效转化为金融供给，进而拓宽金融资源配置边界，实现更广大范围内的金融资源配置。一方面，传统金融市场囿于信息不对称等问题，难以获取部分"小、散"投资者的具体的资金金额及投资期限等信息，时间和空间、清算体系限制等多重制约因素导致这些潜在投资者难以被及时发现，被传统金融市场隔绝在外；另一方面，由于交易成本的存在，即使这类投资者能被传统金融市场发现，传统金融市场吸取这部分投资者的金融资源也需要花费大量的成本。因而，传统金融机构出于利润最大化原则，也会主动放弃并忽视这部分群体的金融需求。而随着人工智能、大数据技术、区块链、物联技术、互联技术等数字技术的发展，数字金融这一新的金融业态，能以相对低的成本与风险处理海量的"小、散"投资者的信息，吸收难以被传统金融市场吸收的金融资源，进而实现更大范围内资金配置，有助于金融资源在配置不足与冗余地区间的灵活调度，从而愿意支持民营企业进行技术创新活动。

"存量优化"效应指的是数字金融能优化与提升传统金融机构的服务质量与服务效率，推动传统金融机构的深刻变革与高质量发展。具体而言，首先，新一代的信息技术能赋能传统金融机构，打破传统金融市场交易中的时空限制，有效降低金融服务成本，提高金融服务质量。其次，数字金融的发展，强化了信用透明化、信息化与网络化程度，颠覆了传统金融市场的资产定价模式。再其次，数字金融的数字化与技术化对传统金融机构造成了冲击，倒逼传统金融市场提质增效，推动金融体系服务民营企业的功能优化。最后，数字金融能有效收集、分析与挖掘海量信息，通过数字化算法将资金的供给与需求高效匹配起来，降低金融资源误置问题。

大量研究表明，完善的金融体系、金融资源的有效供给是民营企业技术创新不可或缺的一部分。数字金融以科技为驱动力，其一系列先进的信息技术能拓宽企业融资渠道、降低企业融资成本、降低信息不对称程度、高效识别和控制风险，从根本上提高金融机构在服务企业技术创新全过程中的服务效率与服务质量，有效缓解民营企业技术研发和创新投资过程中融资约束与风险分散问题，激发民营企业技术创新活力，对民营企业产生显著的创新驱动效应。

由此，提出假设 H1：数字金融促进了民营企业技术创新。

6.2 研究设计与数据来源

6.2.1 模型设定

为分析数字金融与民营企业技术创新之间的驱动关系，

构建如下直接驱动效应模型:

$$Ino_{i,t} = \alpha_0 + \alpha_1 Dfi_{i,t} + \beta_1 X_{i,t} + \delta_i + \varphi_t + \mu_{i,t} \quad (6-1)$$

在模型(6-1)中: i 表示上市公司唯一识别 ID,即证券代码; t 表示年份;被解释变量 $Ino_{i,t}$ 为企业技术创新,其包含企业创新投入指标($Inop_{i,t}$)与企业创新产出指标($Inoo_{i,t}$);解释变量 $Dfi_{i,t}$ 为数字金融发展指数; $X_{i,t}$ 为其他可能影响企业技术创新的控制变量,具体包括公司规模、资产收益率、企业年龄、现金流比率、财务杠杆、股权结构、董事会治理与薪酬激励等; δ_i 和 φ_t 分别为个体固定效应与时间固定效应; $\mu_{i,t}$ 为随机误差项。

6.2.2　变量设定

1. 被解释变量

已有研究在测度企业技术创新时,通常会采用两类指标。一是衡量企业技术创新投入的相关指标,如研发人员、研发资金投入、固定资产投入等;另一类则是衡量企业技术创新产出的相关指标,如企业专利申请数量、企业专利授权数量、新产品研发项目数、新产品销售收入等。根据研究假设,本研究充分考虑数字金融对民营企业技术创新的投入与产出两方面的影响,选取技术创新投入($Inop$)与技术创新产出($Inoo$)作为因变量。借鉴孔东民等(2017)的做法,采用研发投入金额的自然对数与有效发明专利授权数的自然对数衡量技术创新投入与技术创新产出。为提高研究结论的可靠性，还参考段军山等（2021）采用研发投入占总资产的比重（*Rd*）与有效专利授权总数的自然对数（*Pat*）衡量民营企业技术创新投入与技术创新产出，进行稳健性检验。

2. 核心解释变量

本研究借助北京大学数字金融研究中心发布的《北京大学数字普惠金融指数（2011—2021 年)》衡量我国地级及以上城市数字金融发展程度。该指数从数字化程度、使用深度和覆盖广度三个维度构建指标体系，具有较高的可信度和认可度。

3. 控制变量

（1）公司规模（*Size*），采用企业总资产自然对数值衡量。（2）资产收益率（*Roa*），采用企业净利润占总资产比重衡量。（3）企业年龄（*Age*），采用财务数据所属会计年度与公司成立日期之差的自然对数值衡量。（4）现金流比率（*Cash*），采用经营现金流净额占总资产比重衡量。（5）财务杠杆（*Lev*），采用企业总负债占所有者权益比重衡量。（6）股权结构（*Share*），采用前十大股东的持股比例衡量。（7）董事会治理（*Board*），采用董事会人数的自然对数衡量。（8）薪酬激励（*Salary*），采用董事、监事与高管的年薪总额的自然对数衡量。

6.2.3　数据样本

考虑到数字金融主要从 2011 年后才广泛影响企业的生产与

经营，本研究选取长三角地区沪苏浙皖四省（市）所有的 A 股的非金融类上市公司年度数据（2011～2021 年）作为原始样本，原始数据来源于国泰安（CSMAR）数据库与 Wind 数据库。同时，根据研究需要对样本进行如下调整：（1）根据企业股权性质，剔除国有控股企业样本数据；（2）删除企业总资产小于 0、资产负债率小于 0 或大于 1、重要研究指标缺失的企业数据；（3）剔除在研究期间挂牌 ST 与退市的企业；（4）以"5 年连贯"为原则，保留至少具有连续 5 年数据的研究样本；（5）为消除极端值影响，对数据中的连续变量进行前后 1% 的 Winsor 处理。本研究的专利数据相关数据来自 CNRDS 数据库。数字金融数据来源于《北京大学数字普惠金融指数（2011—2021 年）》。部分重要缺失数据获得渠道为查找与翻阅各上市公司每年公布的统计年报。

各变量描述性统计结果如表 6-1 所示。

表 6-1　　　　　　　　主要变量的描述性统计

变量名称	变量符号	观测值	均值	标准差	最小值	最大值
创新投入	$Inop$	6046	17.6606	1.5115	0.0000	22.5484
创新产出	$Inoo$	6046	1.6089	1.3957	0.0000	6.6280
数字金融指数	Dfi	6046	5.4666	0.3790	3.5633	5.8852
公司规模	$Size$	6046	21.7147	1.2385	16.6492	30.0877
资产收益率	Roa	6046	0.0408	0.1198	-3.0679	1.7417
企业年龄	Age	6046	2.8134	0.3616	0.6931	4.1589
现金流比率	$Cash$	6046	-0.0350	0.1385	-1.6758	1.3537

变量名称	变量符号	观测值	均值	标准差	最小值	最大值
财务杠杆	*Lev*	6046	0.7670	0.2653	-1.8802	5.0648
股权结构	*Share*	6046	4.0976	0.2845	2.2834	4.6152
董事会治理	*Board*	6046	2.2113	0.1702	1.3863	2.9957
薪酬激励	*Salary*	6046	15.5235	1.0733	10.0775	18.9780

表6-1给出了主要变量的描述性统计，可以看出在考察的样本区间内，长三角民营企业技术创新投入的均值为17.6606、标准差为1.5115，长三角民营企业技术创新产出的均值为1.6089、标准差为1.3957，说明研究区间内长三角民营企业间技术创新无论是投入还是产出方面均存在着较大的差异。核心解释变量数字金融的均值为5.4666，标准差为0.3790，表明数字金融变量的波幅较大，且在样本期间也有着不同程度的变化，这为进一步考察数字金融对长三角民营企业技术创新的驱动作用提供了可能。

表6-2为主要变量间的相关系数。由表可知，数字金融与长三角民营企业技术创新存在显著的正向关系，与创新投入的相关系数为0.2101，与创新产出的相关系数为0.0474，表明数字金融的创新驱动效应似乎发挥着主导作用。由于相关性分析的局限性，变量之间准确的关系还有赖于多元回归分析的结果。此外，创新投入与创新产出之间的相关系数也高达0.591，表明这两个指标显著正相关，对于创新投入较高的民营企业也往往具有较高的创新产出。

表 6 - 2　　主要变量的相关系数

变量	Inop	Inoo	Dfi	Size	Roa	Age	Cash	Lev	Share	Board	Salary
Inoo	0.591 (0.000)	1									
Dfi	0.2101 (0.000)	0.0474 (0.000)	1								
Size	0.5246 (0.000)	-0.0077 (0.000)	0.1175 (0.000)	1							
Roa	0.0182 (0.000)	0.0828 (0.000)	-0.0329 (0.000)	-0.0574 (0.000)	1						
Age	0.0998 (0.000)	-0.1133 (0.000)	0.3738 (0.000)	0.1653 (0.000)	-0.0811 (0.000)	1					
Cash	0.0389 (0.000)	-0.015 (0.000)	0.0777 (0.000)	0.0292 (0.000)	0.0578 (0.000)	0.1409 (0.000)	1				
Lev	0.0205 (0.000)	-0.0552 (0.000)	-0.0318 (0.000)	0.1282 (0.000)	-0.2284 (0.000)	0.042 (0.000)	0.0123 (0.000)	1			
Share	-0.07 (0.000)	0.1625 (0.000)	-0.0087 (0.000)	-0.1154 (0.000)	0.1922 (0.000)	-0.2078 (0.000)	-0.1153 (0.000)	-0.1835 (0.000)	1		
Board	0.0649 (0.000)	-0.0226 (0.000)	-0.105 (0.000)	0.248 (0.000)	0.0205 (0.000)	-0.0195 (0.000)	0.0139 (0.000)	0.0272 (0.000)	-0.031 (0.000)	1	
Salary	0.2473 (0.000)	0.0536 (0.000)	0.226 (0.000)	0.3402 (0.000)	0.0591 (0.000)	0.1058 (0.000)	0.0177 (0.000)	-0.0353 (0.000)	-0.0112 (0.000)	0.1312 (0.000)	1

注：括号内数据为 p 值。

6.3 基准回归

6.3.1 直接效应

本研究依据模型（6－1）采用多元面板模型完成基准回归。首先，运用固定面板效应前对所有变量进行协整关系检验，所有变量均在 ADF 检验中存在 I（1）的单位根，即所有变量均存在长期协整关系，可以进行回归分析。其次，在固定效应与随机效应的选择上，豪斯曼检验结果中的 p 值小于0.01，可见对于本研究而言，固定效应相比于随机效应有着更优的拟合效果，故本章以及接下来的章节均采用固定效应模型进行回归分析。表6－3列示了基准回归结果。

表6－3　数字金融驱动长三角民营企业技术创新的直接效应

项目	$Inop$	$Inoo$	$Inop$（引入控制变量）	$Inoo$（引入控制变量）
	（1）	（2）	（3）	（4）
Dfi	0.311 *** （34.75）	0.0424 *** （21.554）	0.0493 *** （10.391）	0.0200 *** （4.542）
$Size$			0.801 *** （22.66）	0.0294 （1.046）
Roa			1.877 *** （4.403）	－0.946 *** （－3.286）

续表

项目	Inop	Inoo	Inop（引入控制变量）	Inoo（引入控制变量）
	（1）	（2）	（3）	（4）
Age			0.859 *** (4.612)	0.0904 (0.610)
Cash			0.189 * (1.818)	0.0134 (0.157)
Lev			− 0.0547 (− 0.964)	− 0.0312 (− 0.681)
Share			− 0.0684 (− 0.675)	− 0.258 *** (− 3.155)
Board			0.271 * (1.686)	0.0960 (0.758)
Salary			0.0243 (1.075)	− 0.00852 (− 0.478)
常数项	10.51 *** (50.70)	1.407 *** (9.542)	− 2.857 *** (− 3.402)	1.950 *** (3.041)
地区固定效应	YES	YES	YES	YES
时间固定效应	YES	YES	YES	YES
样本量	6046	6046	6046	6046
R^2	0.163	0.101	0.270	0.197

　　注：*** 和 * 分别表示回归系数在 1% 和 10% 的显著性水平下显著，括号内数据为 t 值。

　　表 6 - 3 中，列（1）和列（2）均只加入了核心解释变量，列（3）和列（4）则在列（1）和列（2）的基础上进一步引入了各控制变量的回归结果。观察发现，在不引入控制

变量的情况下，数字金融对长三角民营企业技术创新投入的回归系数为 0.311 且在 1% 的水平下显著，数字金融对长三角民营企业技术创新产出的回归系数为 0.0424 且在 1% 的水平下显著。当进一步引入各控制变量后，模型的拟合优度显著上升，可见引入控制变量是合理的，同时，由列（3）和列（4）可知，数字金融对长三角民营企业技术创新投入的回归系数为 0.0493 且在 1% 的水平下显著，数字金融对长三角民营企业技术创新产出的回归系数为 0.0200 且在 1% 的水平下显著。以上结果表明，数字金融整体上促进了长三角民营企业技术创新水平提升，具有显著的创新驱动效应。综上所述，理论假设 H1 得到证实。

6.3.2 稳健性检验

为了提高核心假说的有效性与可靠性，本研究对稳健性和内生性问题做出如下处理。

1. 核心变量与回归模型替换

采用研发投入占总资产的比重（Rd）与有效专利授权总数的自然对数（Pat）衡量企业技术创新投入与技术创新产出进行稳健性检验。回归结果如表 6-4 中列（1）和列（2）所示，可以发现，当替换被解释变量后，数字金融对研发投入占总资产的比重（Rd）与有效专利授权总数的自然对数（Pat）的影响仍至少在 1% 的水平下显著为正。

表6-4　　　　　　　　　稳健性检验结果

项目	更换核心变量		回归模型替换		解释变量滞后一期	
	Rd	*Pat*	*Inop*	*Inoo*	*Inop*	*Inoo*
	(1)	(2)	(3)	(4)	(5)	(6)
Dfi	0.00342***	0.00219***	0.170***	0.0986*	0.0948***	0.0601*
	(4.284)	(3.564)	(4.436)	(1.726)	(3.799)	(1.933)
控制变量	YES	YES	YES	YES	YES	YES
常数项	0.0498***	-1.470	-3.001	2.197	-3.235***	2.444***
	(6.722)	(-1.498)	(-1.261)	(1.249)	(-3.523)	(3.386)
地区固定效应	YES	YES	YES	YES	YES	YES
时间固定效应	YES	YES	YES	YES	YES	YES
地区固定效应×时间固定效应	NO	NO	YES	YES	NO	NO
样本量	6046	6046	6046	6046	5589	5079
R^2	0.196	0.128	0.371	0.213	0.255	0.106

注：*** 和 * 分别表示回归系数在1%和10%的显著性水平下显著，括号内数据为 t 值。

此外，考虑到回归模型对于时间与地区进行控制的双向固定效应这一常规做法对内生性问题的控制尚不够严格，为此本研究借鉴唐松等（2020）的做法在双向固定效应模型中加入"地区×时间"的高阶联合固定效应。回归结果如表6-4中列（3）和列（4）所示，不难发现在加入高阶联合固定效应后，数字金融对长三角民营企业技术创新的影响仍在10%的水平下显著为正，表现为显著的结构性创新驱动效应。

2. 解释变量滞后一期

考虑到数字金融对长三角民营企业技术创新的影响可能

存在滞后效应。同时，数字金融与民营企业技术创新之间可能存在一定的反向因果关系，即对于民营企业技术创新活跃的地区数字金融可能也发展得较好。因此，本研究将核心解释变量数字金融滞后一期处理，以进行滞后效应检验，并尽可能缓解内生性问题，回归结果如表6-4中列（5）和列（6）所示。可以看出，自变量滞后一期以后，数字金融对长三角民营企业技术创新的影响仍显著为正，表明本研究的核心结论具有一定的稳健性。同时，相比较于基准回归，数字金融滞后一期后对长三角民营企业技术创新的影响系数有所增大，即数字金融对长三角民营企业技术创新存在一定的滞后效应，在当期数字金融的作用难以得到充分发挥，随着时间的推移，数字金融仍会对长三角民营企业技术创新产生持续的促进作用。

3. 分位数检验

在上述稳健性检验中，数字金融对长三角民营企业技术创新驱动效应保持稳健。但研究尚未有效解读在不同技术创新水平下，数字金融对长三角民营企业技术创新的影响是否存在异质性。此外，分位数回归模型可以较好地排斥极端值干扰，有效刻画多元回归函数条件分布情况。为此，本章对两者关系进行了分位数检验与分析。具体而言，本研究采用10%、25%、50%、75%与90%五个代表性分位点进行分位数回归，以分析数字金融对长三角民营企业技术创新的驱动作用，数字金融对长三角民营企业技术创新投入的分位数模型回归各分位点回归结果如表6-5中列（1）~列（5）所示。

表 6-5　分位数回归结果

项目	创新投入 (Inop)					创新产出 (Inoo)				
	10%	25%	50%	75%	90%	10%	25%	50%	75%	90%
	(1)	(2)	(3)	(4)	(5)	(6)	(7)	(8)	(9)	(10)
Dfi	0.1446***	0.0870***	0.0693***	0.0646***	0.0635***	0.0001	0.0769***	0.12804***	0.0849***	0.0776***
	(7.54)	(9.36)	(9.22)	(10.07)	(12.06)	(0.819)	(6.69)	(6.14)	(3.53)	(3.30)
控制变量	YES	YES	YES	YES	YES	YES	YES	YES	YES	YES
常数项	3.7439***	-1.8072	-3.7354	-3.2717	-3.4659***	0.0001	0.6675*	-2.4105**	-6.4365***	-10.4002***
	(3.96)	(-3.10)	(-9.36)	(-7.73)	(-7.17)	(0.01)	(1.88)	(-2.13)	(-5.90)	(-8.35)
地区固定效应	YES	YES	YES	YES	YES	YES	YES	YES	YES	YES
时间固定效应	YES	YES	YES	YES	YES	YES	YES	YES	YES	YES
样本量	6046	6046	6046	6046	6046	6046	6046	6046	6046	6046
R^2	0.1008	0.2282	0.3517	0.4237	0.4496	0.1886	0.2336	0.2768	0.2891	0.3012

注：***、**和*分别表示回归系数在1%、5%和10%的显著性水平下显著，括号内数据为 t 值。

表6-5中，列（1）为在10%分位数下的回归结果，列（2）为在25%分位数下的回归结果，列（3）为在50%分位数下的回归结果，列（4）为在75%分位数下的回归结果，列（5）为在90%分位数下的回归结果。由回归结果可知，从创新投入角度，在企业不同技术创新水平下，数字金融对企业技术创新展现不同强度的影响。在5个分位点处，数字金融的回归系数依次为0.1446、0.0870、0.0693、0.0646、0.0635，回归系数均在1%的水平下显著为正，表明数字金融驱动了民营企业技术创新。但回归系数的绝对值呈现出边际递减趋势，表明当民营企业技术创新水平不同时，数字金融对民营企业技术创新存在显著差异。对于技术创新水平较低的民营企业而言，数字金融的影响较强；而对技术创新水平较高的民营企业而言，数字金融的影响则有所减弱。究其原因，可能对于创新水平较高的民营企业而言，过度的创新投入并非最优的投资方案，因此，数字金融对民营企业技术创新的驱动力有所减弱。

从创新产出角度来看，数字金融对民营企业技术创新的驱动力强弱也存在差异。在5个分位点处，如表6-5的列（6）~列（10），数字金融的回归系数依次为0.0001、0.0769、0.12804、0.0849与0.0776，在10%分位处，数字金融对民营企业技术创新的影响并不显著，在其他分位处数字金融对民营企业技术创新的影响在1%的水平下显著为正。可见，数字金融对民营企业技术创新的影响呈现倒U型趋势。在数字金融发展初期，数字金融并不能有效促进民营企业进行实质性技术创新，更多的是策略型创新，因而民营企业技术创新水平并未实质性地提高。而在数字金融发展较为完善的地区，民营企业有更多的金融工具以分散风险，有更多的金融资源确保企业创新项目的顺利实施，因此数字金融对民营企业专利授权存在显著的正向促进作用。但随着数字金融的不断发展，其对民营企业技术创新的影响不断减弱，存在边际递减效应。

4. 内生性问题

中国人民银行 2016 年发布的《G20 数字普惠金融高级原则》，明确提出了扩大信息基础设施覆盖面、升级网络技术、利用数字技术提升金融服务的目标，这为本研究识别数字金融驱动民营企业技术创新因果关系提供了一个准自然试验场景。对于数字金融发展水平较高的地区，信息基础设施较为完善，《G20 数字普惠金融高级原则》的实施更多是考虑平衡用户的便利性与创新的风险的目的。而对于数字金融发展相对较慢地区而言，《G20 数字普惠金融高级原则》的实施将有效弥补信息基础设施的不足。因而，实施《G20 数字普惠金融高级原则》将对促进数字金融发展相对较慢的地区的民营企业技术创新产生更大的影响。政策实施带来的影响的差异性正是本书采用双重差分模型对效应进行识别的基础。本研究借鉴余进韬等（2022）的研究，依据政策实施前一年数字金融发展水平的高低，将长三角区域内各地级及以上城市划分为对照组与处理组。具体而言，数字金融发展水平低于中位数的作为处理组，而数字金融发展水平高于中位数的作为对照组，再通过构建双重差分模型来评估数字金融对企业技术创新的影响。具体模型设定如下：

$$Ino_{it} = \alpha_0 + \beta_1 Dec_i \times Post_t + \theta X_{it} + \varphi_i + \mu_t + \varepsilon_{it}$$

$$(6-2)$$

模型（6-2）中：被解释变量 Ino_{it} 为企业技术创新；Dec_i 表示城市 i 是否为实验组，若是则取值1，反之取值0；$Post_t$ 为时间虚拟变量，在政策实施前取值0，实施后取值1；交互项 $Dec_i \times Post_t$ 的系数 β_1 为数字金融政策对企业创新的影响；X_{it} 为其他可能影响企业技术创新的控制变量，具体包括公司规模、资产收益率、企业年龄、现金流比率、财务杠杆、股权结构、董事会治理与薪酬激励等。

使用双重差分法之前，需要检验样本数据是否满足趋势假设。对本研究而言，即需确保对照组与实验组的企业技术创新变化趋势在《G20数字普惠金融高级原则》政策实施前不存在系统性差异。具体而言，本研究采用事件研究法进行平行趋势检验，在初始方程中纳入实验组虚拟变量与政策实施前年份虚拟变量的交互项 $Dec_i \times Post1_t$、$Dec_i \times Post2_t$。其中 Dec_i 为实验组虚拟变量，若地级及以上城市在政策实施前一年的数字金融发展水平低于中位数则赋值为1，反之则为0；$Post1_t$ 与 $Post2_t$ 为政策实施前一期与前两期的年份虚拟变量。表6-6展示了平行趋势的检验结果，列（1）~列（3）为民营企业技术创新投入的平行趋势检验，列（1）和列（2）分别加入了交互项 $Dec_i \times Post1_t$ 与 $Dec_i \times Post2_t$，列（3）

则同时加入上述两个交互项。列（4）~列（6）为民营企业技术创新产出的平行趋势检验，列（4）和列（5）分别加入了交互项 $Dec_i \times Post1_t$ 与 $Dec_i \times Post2_t$，列（6）则同时加入上述两个交互项。可以发现，无论是以创新投入还是以创新产出衡量企业技术创新水平，各模型中 $Dec_i \times Post1_t$ 与 $Dec_i \times Post2_t$ 的回归系数均不显著，因此，本研究认为政策实施前对照组与实验组企业技术创新变化趋势不存在系统性差异，样本趋势一致性假设成立。

表 6-6　　　　　　　　平行趋势检验

项目	创新投入（Inop）			创新产出（Inoo）		
	（1）	（2）	（3）	（4）	（5）	（6）
$Dec_i \times Post_t$	0.0208 *** (3.10)	0.0239 * (1.77)	0.0048 *** (3.50)	0.0165 *** (3.05)	0.0064 *** (3.16)	0.0463 ** (2.52)
$Dec_i \times Post1_t$	0.0015 (0.02)		0.0443 (0.65)	0.1353 (0.48)		0.1284 (1.29)
$Dec_i \times Post2_t$		0.0435 (0.56)	0.0667 (0.77)		0.0742 (1.22)	0.0062 (0.09)
控制变量	YES	YES	YES	YES	YES	YES
样本量	6046	6046	6046	6046	6046	6046
R^2	0.2521	0.2460	0.2469	0.0102	0.0051	0.0167

注：***、** 和 * 分别表示回归系数在 1%、5% 和 10% 的显著性水平下显著，括号内数据为 t 值。

验证了使用双重差分方法的合理性以后，本研究利用样本估计模型式（6-2），结果如表 6-7 所示，其中，列（1）和列（2）为不加入控制变量时，政策变量对民营企业技术创新投入和产出的回归结果，列（3）和列（4）为加入一系列控制变量后，政策变量对民营企业技术创新的回归结果。可以发现。在不引入控制变量的情况下，数字金融政策对长三角民营企业技术创新投入的回归系数为 0.101 且在 1% 的水平下显著，数字金融政策对长三角民营企业技术创新产出的回归系数为 0.0582 且在 1% 的水平下显著。当进一步引入各控制变量后，模型的拟合优度显著上升，可见引入控制变量是合理的。同时，由列（3）和列（4）可知，数字金融政策对长三角民营企业技术创新投入的回归系数为 0.0135 且在 5% 的水平下显著，数字金融政策对长三角民营企业技术创新产出的回归系数为 0.0292 且在 5% 的水平下显著，这与基准回归模型结果基本吻合。由此可知数字金融正向驱动了长三角民营企业技术创新投入与技术创新产出，本研究得到的结论是稳健的。

表 6 – 7　　　　　　　　双重差分回归结果

项目	$Inop$	$Inoo$	$Inop$（加入控制变量）	$Inoo$（加入控制变量）
	（1）	（2）	（3）	（4）
$Dec_i \times Post_t$	0.101*** (2.919)	0.0582*** (3.195)	0.0135** (0.223)	0.0292** (2.364)
控制变量	NO	NO	YES	YES
常数项	17.64*** (1318)	1.614*** (166.4)	– 3.431*** (– 4.389)	1.362** (2.364)
样本量	6046	6046	6046	6046
R^2	0.131	0.100	0.277	0.150

注：***、**分别表示回归系数在 1%、5% 的显著性水平下显著，括号内数据为 t 值。

6.4　异质性分析

6.4.1　数字金融分维度

数字金融是一个多维度的概念，单独考察数字金融的整体效应是不全面的，为更精确刻画数字金融对长三角民营企业技术创新的影响，本研究进一步探究了"覆盖广度（Bre）""使用深度（Usa）""数字化程度（Dig）"等分指数对长三角民营企业技术创新的影响。表 6-8 的实证结果展示了"覆盖广度—使用深度—数字化程度"三个维度的发展程度与长三角民营企业技术创新之间的关系。列（1）和列（4）为覆盖广度对民营企业技术创新投入与产出的回归结果，列（2）和列（5）为使用深度对民营企业技术创新投入与产出的回归结果，列（3）和列（6）为数字化程度对民营企业技术创新投入与产出的回归结果，研究结果显示，数字金融三个维度对企业技术创新的驱动作用存在一定差异性。

表 6-8　　　　　　数字金融分维度回归结果

项目	创新投入（Inop）			创新产出（Inoo）		
	（1）	（2）	（3）	（4）	（5）	（6）
Bre	0.0120 （0.393）			0.00918 （0.12）		

续表

项目	创新投入（Inop）			创新产出（Inoo）		
	(1)	(2)	(3)	(4)	(5)	(6)
Usa		0.0227 *** (4.396)			0.0763 *** (3.309)	
Dig			0.0132 *** (4.386)			0.0124 *** (3.256)
控制变量	YES	YES	YES	YES	YES	YES
常数项	−2.872 *** (−3.416)	−2.853 *** (−3.396)	−2.895 *** (−3.420)	1.965 *** (3.072)	1.924 *** (3.004)	2.021 *** (3.104)
地区固定效应	YES	YES	YES	YES	YES	YES
时间固定效应	YES	YES	YES	YES	YES	YES
样本量	6046	6046	6046	6046	6046	6046
R^2	0.273	0.278	0.265	0.107	0.108	0.107

注：*** 表示回归系数在 1% 的显著性水平下显著，括号内数据为 t 值。

无论是投入角度还是产出角度，使用深度和数字化程度均显著驱动长三角民营企业技术创新，而覆盖广度对企业技术创新的作用并不显著。就驱动效应而言，使用深度最强，数字化程度次之，覆盖广度最弱。其可能原因是：第一，数字金融覆盖广度提升，意味着支付宝等基于互联网的新金融模式有着更高触及面和覆盖面，优化了金融环境。但是单纯依靠数字金融覆盖面积的扩大，很难为微观经济主体提供有效金融支持，也无法为民营企业高质量创新提供持续动力。第二，使用深度提升，提高了中小微民营企业获取数字金融的保险、信贷、征信等服务的可能性，这不仅可以缓解民营企业融资约束，还能提高其抗风险能力，增强其技术创新的意愿。第三，数字化程度提升，数字化设备的普及能有效降低交易成本，使得交易更加便捷和高效，提高了金融服务民营企业技术创新的效率。

6.4.2　区域

长三角地区各个省域之间的经济水平发展不尽相同，制度政策和资源禀赋也存在较大差异，因此，有必要探究数字金融对长三角民营企业技术创新的驱动关系是否存在区域异质性。据此，研究将样本数据划分为上海、江苏、浙江与安徽等四个样本系统，分别进行回归分析，结果如表6－9所示。

表6－9　　　　　　　　　　　地区异质性回归结果

项目	上海市		江苏省		浙江省		安徽省	
	Inop	*Inoo*	*Inop*	*Inoo*	*Inop*	*Inoo*	*Inop*	*Inoo*
	(1)	(2)	(3)	(4)	(5)	(6)	(7)	(8)
Dfi	0.249 *** (2.737)	0.199 *** (3.603)	0.171 *** (3.939)	0.0921 ** (2.303)	0.148 *** (3.213)	0.0653 ** (2.104)	0.304 *** (5.624)	0.202 (1.062)
控制变量	YES	YES	YES	YES	YES	YES	YES	YES
常数项	−0.728 (−0.802)	1.168 (0.992)	−3.772 ** (−2.259)	0.999 (0.838)	−1.836 (−1.484)	3.905 *** (3.472)	−12.72 *** (−2.869)	−0.288 (−0.119)

项目	上海市		江苏省		浙江省		安徽省	
	Inop	*Inoo*	*Inop*	*Inoo*	*Inop*	*Inoo*	*Inop*	*Inoo*
	(1)	(2)	(3)	(4)	(5)	(6)	(7)	(8)
地区固定效应	YES	YES	YES	YES	YES	YES	YES	YES
时间固定效应	YES	YES	YES	YES	YES	YES	YES	YES
样本量	1232	1232	1937	1937	2438	2438	439	439
R^2	0.643	0.026	0.223	0.004	0.292	0.012	0.244	0.032

注：*** 、** 分别表示回归系数在1%、5%的显著性水平下显著，括号内数据为 t 值。

表 6 - 9 中列 （1） 和列 （2） 为上海市回归模型，列 （3） 和列 （4） 为江苏省回归模型，列 （5） 和列 （6） 为浙江省回归模型，列 （7） 和列 （8） 为安徽省回归模型。分析可知，数字金融对企业技术创新的驱动力方面，安徽省是最强的，其次是上海市，影响最小的为浙江省。究其原因，安徽省数字金融发展水平最低，数字金融的发展为民营企业技术创新水平提高发挥了 "雪中送炭" 的作用，因而有着更强的边际作用，这也进一步证实了数字金融的普惠特性。而浙江省的杭州数字金融发展水平较高，拥有具有全球影响力的国际数字金融中心，数字金融对企业技术创新的影响可能已经处于边际递减区域。此外，可以发现，数字金融对安徽省企业技术创新的影响更多的是体现在对创新投入的影响上，对民营企业技术创新产出的影响并不显著。可见，数字金融

发展初期，民营企业虽然获取了一定的金融资源以支持创新项目的实施，但更多地选择了风险较小的策略式创新，民营企业高质量技术创新水平并不高。

6.4.3　民营企业高管金融背景

根据高阶梯理论，由于经理人的有限理性与外部环境的复杂性，企业高管的多数决策是基于其价值观念与认知结构做出的。在民营企业技术创新项目实施的过程中，相比较于没有金融背景的高管，具有金融背景的高管能根据其特有的金融资本与社会资本优势，提高企业对相关创新资源的获取、吸收与转化能力，从而有效强化数字金融对民营企业技术创新的驱动作用。

相比较于没有金融背景的高管，有金融背景的高管与国内外金融机构和优质金融科技企业等均有着密切的联系。这样，一方面，可以帮助民营企业从多个渠道获取外部创新资源；另一方面，与国内外金融机构密切的联系能够有效降低创新资金供求双方的信息不对称问题，方便民营企业以更低的成本获取金融资源。因此，数字金融对长三角民营企业技术创新的影响可能存在高管金融背景的异质性问题。鉴于此，本研究根据企业高管是否曾在金融机构任职，将原始样本划分为两部分，并进行回归分析，回归结果如表6-10所示。

表6-10   民营企业高管金融背景的分样本回归结果

项目	高管无金融背景		高管有金融背景	
	Inop	*Inoo*	*Inop*	*Inoo*
	（1）	（2）	（3）	（4）
Dfi	0.00329 *	0.0267	0.619 **	0.208 ***
	（1.651）	（0.401）	（2.397）	（2.606）
控制变量	YES	YES	YES	YES
常数项	− 3.014 ***	2.033 ***	− 3.330 **	− 3.415
	（− 3.248）	（3.111）	（− 2.023）	（− 0.574）
地区固定效应	YES	YES	YES	YES
时间固定效应	YES	YES	YES	YES
样本量	6046	6046	6046	6046
R^2	0.257	0.007	0.668	0.056

注：*** 、** 和 * 分别表示回归系数在1%、5%和10%的显著性水平下显著，括号内数据为 t 值。

表6-10中列（1）和列（2）为高管无金融背景的民营企业的回归样本，列（3）和列（4）为高管有金融背景的民营企业的回归样本。可以发现，高管有金融背景的民营企业中，数字金融对企业技术创新投入的回归系数为0.619，且在5%的水平下显著为正，对企业技术创新产出的回归系数为0.208，且在1%的水平下显著为正。而高管无金融背景的民营企业，数字金融对企业技术创新投入的回归系数为0.00329，且仅在10%的水平下显著为正，而对企业技术创新产出的影响并不显著。由此可知，相比较于高管无金融背景的企业，在高管有金融背景的企业中，数字金融能对民营企业技术创新产生更强的驱动力。

6.4.4 高新技术企业

相比较于非高新技术，高新技术自主创新的"投入高、风险大、周期长"特性更为明显，这决定了银行贷款等传统的融资渠道难以解决高新技术企业持续资金需求。而数字金融作为一种金融创新，很好地吻合了自主创新的风险特性，在推进高新技术企业释放创新潜能方面发挥着重要的作用。数字金融打破传统金融体系的惯例，规避可能的创新风险，为高新技术企业的创新行为注入新的活力，加速了高新技术产业创新能力的提升和核心能力的形成。因此，数字金融对高新技术企业与非高新技术企业的影响可能存在异质性。

为考察这一问题，本研究将样本划分为高新技术企业与非高新技术企业两部分。划分标准上，根据国家统计局的《高技术产业统计分类目录》，将属于计算机、通信与其他电子设备制造业、医药制造业、铁路、船舶、航空航天与其他运输设备制造业、专业设备制造业、电器机械及器材制造业、仪器仪表制造业的企业划分为高新技术企业，剩余企业则为非高新技术企业。

表 6-11 中列（1）和列（2）为高新技术民营企业的回归样本，列（3）和列（4）为非高新技术民营企业的回归样本。从回归结果可以看出，数字金融对高新技术民营企业技术创新投入与技术创新产出均在 1% 的水平下显著为正。这说明，数字金融的发展显著激励了高新技术企业的研发活动。

民营企业的创新活动需要大量长期的研发投入，对于自主创新难度和风险更高的高新技术企业而言更是如此。高新技术企业自主创新的"投入高、风险大、周期长"特性，决定了银行贷款等传统的融资渠道难以解决持续资金需求。数字金融的发展有效缓解了高新技术企业的融资困境，因而能有效激励其创新投入与产出活动。数字金融仅对非高新技术民营企业创新投入的影响系数在5%的水平下显著为正，但对非高新技术民营企业创新产出的影响系数并不显著。究其原因，对非高新技术企业而言，其技术创新能力较弱，相比较于进行高难度的自主创新行为，更倾向于研发难度较小、风险较小的模仿式创新行为。

表 6-11　民营企业是否为高新技术企业的分样本回归结果

项目	高新技术企业		非高新技术企业	
	Inop	*Inoo*	*Inop*	*Inoo*
	（1）	（2）	（3）	（4）
Dfi	0.126 *** （3.655）	0.0489 *** （3.567）	0.0877 ** （2.288）	0.0463 （0.239）
控制变量	YES	YES	YES	YES
常数项	−1.211 （−0.902）	1.853 ** （2.226）	−5.882 *** （−5.460）	0.738 （0.682）
地区固定效应	YES	YES	YES	YES
时间固定效应	YES	YES	YES	YES
样本量	3404	2642	3305	2741
R^2	0.219	0.006	0.339	0.020

注：***、** 分别表示回归系数在1%、5%的显著性水平下显著，括号内数据为 t 值。

6.4.5　企业生命周期

现有文献对企业生命周期的划分可以归纳为如下三种：一是单一变量衡量法，常用企业总资产规模、企业年龄、企业留存收益占比等测度划分企业生命周期。二是综合指数测度法，用多个综合指标合成进行划分。三是现金流模式法，选取经营现金流净额、投资现金流净额和筹资现金流净额三个指标，再根据企业的经营活动、盈利能力、融资行为等情况给这三个变量赋予正负号，最终根据正负号的组合划分企业生命周期。

考虑到样本属于上市公司，初创期与衰退期企业占比相对较少，本研究借鉴康卫国等（2022）的做法，将企业营业收入、企业年龄、资产收益率从高到低进行排序赋分，其中，位于前 1/3 的企业赋分"3"，1/3 以外 2/3 以内的赋分"2"，其余的赋分"1"，再对上述三个指标的赋分加总，依据计算指标总分将企业划分为成长期与成熟期两组。

根据企业生命周期理论，企业发展一般会经历初创期、成长期、成熟期、衰退期四个阶段，在每一个阶段中企业的创新需求与融资能力均存在较大的差异。具体而言，对于成长期与成熟期企业，两者有两方面差异。一方面，民营企业技术创新意愿存在差异。成长期企业以提高产能、拓宽市场份额、提高自身核心竞争力为主要目标，因而，对技术创新有着较高的需求度。成熟期企业自身的经营模式已逐渐成熟，经营目标也转化为平稳高效的运行，对于企业而言，更重要的是维护与巩固自身的市场地位与维持存量发展，因而，对技术创新的需求相对下降，以避免激进的创新风险。

另一方面，企业面临的融资约束存在差异。成长期企业急需拓展市场份额，增强自身核心竞争力，因而，面对自身较大的资金缺口，企业往往对外源性融资有着较大的需求。同时，成长期企业缺乏足够的抵押物，市场投资者对其的投资也更为谨慎，因而，成长期企业往往面临较为严重的融资问题。而成熟期企业已步入稳定经营阶段，良好的经营绩效与稳定的现金流确保了民营企业的内源性融资，同时，良好的经营状况与口碑使得成熟期企业更容易获取外部投资，外源性融资约束也较小。

因此，有必要按民营企业的生命周期将其划分为成长期与成熟期两组，进一步考察在不同组别中数字金融对民营企业技术创新的影响是否存在差异性（见表6－12）。

表6－12　　　　民营企业生命周期的分样本回归结果

项目	成长期企业		成熟期企业	
	Inop	*Inoo*	*Inop*	*Inoo*
	(1)	(2)	(3)	(4)
Dfi	0.0696***	0.00862**	0.00560	0.00465*
	(2.723)	(2.047)	(0.0311)	(1.794)
控制变量	YES	YES	YES	YES
常数项	0.120	2.963***	−1.356	1.037
	(0.110)	(2.793)	(−0.893)	(1.056)

续表

项目	成长期企业		成熟期企业	
	Inop	*Inoo*	*Inop*	*Inoo*
	(1)	(2)	(3)	(4)
地区固定效应	YES	YES	YES	YES
时间固定效应	YES	YES	YES	YES
样本量	2848	2848	3198	3198
R^2	0.267	0.013	0.221	0.010

注：***、**和*分别表示回归系数在1%、5%和10%的显著性水平下显著，括号内数据为t值。

表6-12中，列（1）和列（2）为成长期民营企业的回归样本，列（3）和列（4）为成熟期民营企业的回归样本。可以发现，对于成长期的民营企业，数字金融对企业技术创新投入的回归系数为0.0696，且在1%的水平下显著为正；对民营企业技术创新产出的回归系数为0.00862，且在5%的水平下显著为正。而对于成熟期的企业，数字金融对企业技术创新投入的回归系数为0.00560，但并不显著；而对民营企业技术创新产出的影响系数为0.00465，且在10%的水平下显著。对比分析可以发现，相比较于成熟期的企业，在成长期企业中，数字金融能对民营企业技术创新的驱动力更强。究其原因是，数字金融通过大数据等新一代信息技术，可以从海量数据中分析挖掘出更多关于民营企业的经营软信息，有效改善资金借贷双方的信息不对称现象，再评估借贷项目的风险，匹配与之相适应的利率，更好地服务民营企业。对成长期企业而言，数字金融的发展能为其提供与其资产现金流

相对应的贷款，有效扩宽成长期企业的融资渠道，降低其融资成本，对成长期企业缓解其成长发展过程中的资金问题起到"雪中送炭"的作用。而成熟期企业融资渠道更为稳定与畅通，数字金融的发展对其的影响属于"锦上添花"。因此，数字金融对成长期民营企业技术创新有着更为明显的促进作用。

6.5 结论与讨论

本章选取长三角地区沪、苏、浙、皖四省（市）所有的 A 股的非金融类上市公司年度数据（2011~2021 年），运用双固定效应实证检验了数字金融对企业技术创新驱动作用，并进行了异质性分析。研究得到以下几个结论。

第一，数字金融对长三角民营企业技术创新投入与企业技术创新产出影响均显著为正，即数字金融整体上促进了长三角民营企业技术创新水平提升，具有显著的创新驱动效应。且上述结论在一系列稳健性检验下仍成立。

第二，分位数回归结果显示，基于技术创新投入角度，表明数字金融对民营企业技术创新能产生促进作用，但随着技术创新投入的提高，数字金融对民营企业技术创新投入的影响呈现边际递减趋势。基于创新产出角度，数字金融对民营企业技术创新的影响呈现倒 U 型趋势。

第三，数字金融分维度检验结果显示，数字金融"覆盖广度""使用深度""数字化程度"等三个维度对企业技术创新的影响存在一定差异性。无论是投入角度还是产出角度，使用深度和数字化程度均显著促进了长三角民营企业技术创新，而覆盖广度对民营企业技术创新的作用并不显著。就影响的效应而言，使用深度最强，数字化程度次之，覆盖广度最弱。

第四，分区域检验结果显示，数字金融对民营企业技术创新的驱动力方面，安徽省是最强的，其次是上海市，影响最小的为浙江省。此外，数字金融对安徽省民营企业技术创新的影响更多地体现在创新投入上，对企业技术创新产出的影响并不显著。

第五，高管金融背景检验结果显示，与高管无金融背景的民营企业相比较，对高管有金融背景的民营企业，数字金融能对企业技术创新产生更为显著的驱动力。

第六，高新技术企业检验结果显示，数字金融的发展显著激励了高新技术企业的研发活动。而对非高技术企业而言，数字金融仅提高了非高新技术企业的创新投入，但对非高新技术企业创新产出的驱动作用并不显著。

第七，企业生命周期检验结果显示，对成长期民营企业，数字金融显著促进了其技术创新投入与技术创新产出活动。对成熟期民营企业而言，数字金融仅仅促进了其技术创新产出活动。同时，比较分析发现，成长期企业中数字金融对民营企业技术创新的驱动力更强。

第7章　融资约束间接驱动效应

民营企业在经营发展过程中，融资约束问题会对企业技术创新决策产生较大影响。数字金融可以为民营企业提供多层次、多元化的融资渠道，缓解民营企业面临的融资约束问题，保障技术创新项目的顺利实施。据此，在本章中，重点研究融资约束在数字金融与民营企业技术创新之间的中介作用，运用2011~2021年长三角民营企业数据对假设关系与理论模型进行实证检验，全面考察以融资约束为中介机制的数字金融对民营企业技术创新的驱动效应。

7.1　理论假设

数字金融对民营企业融资约束的影响主要体现在以下两方面。

一是信息效应。一般而言，民营企业较少拥有正规的公开财务信息，金融机构难以正确评估其信用水平与发展前景。

根据信贷配给理论，金融机构在缺乏企业经营与信用相关信息时，金融机构对企业的贷款决策会更加谨慎，进而降低民营企业融资可得性，即信息相对不够透明是民营企业面临融资约束的重要原因之一。数字金融的发展能从以下两方面改善信息不对称问题，进而缓解民营企业的融资约束：一方面，数字金融的发展为挖掘与利用大量的企业信用评估信息提供了可能。数字技术的应用帮助金融机构获取到"多层次、多渠道"的民营企业信息，并标准化为量化数据，再通过算法模型汇总处理信息，得到完整的企业画像。另一方面，随着区块链与加密技术的发展，数字金融在方便金融机构处理数据的过程中也保证了数据的安全性。在隐去民营企业的原始信息的基础上，资金提供方或金融机构利用其信用数据进行信用和风险评估与建模，既保证了信息识别与处理过程中安全可靠性，也提高了企业公开披露自身交易数据的意愿。

二是市场化效应。数字金融发展所带来的金融产品与服务创新能在一定程度上加速金融市场化的改革，改善民营企业融资环境，缓解其融资难、融资贵问题。中国融资表现以间接融资为主，而银行是间接融资中的重要市场主体。而银行出于自身风险考量，往往倾向于选择有政府担保、风险较小的国有大型企业。对国有企业过度的金融资源倾斜，导致对民营企业金融资源的挤出，民营企业发展受阻。随着数字金融的发展，金融机构加强了对数字技术的应用，以金融产品与服务创新为代表的数字金融变革了整个金融市场的资金供给与匹配。数字金融的发展能加强金融市场的竞争，竞争程度越高，金融市场程度也越高，企业融资成本就越低，进而有效支持民营企业融资。此外，随着数字金融的发展，传统金融机构能利用数字技术有效识别民营企业的真实信用和风险水平，促进金融市场交易的公平与完善，改善民营企业贷款难的状况，降低其获得贷款的成本，提高其获得贷款的概率，有效降低企业的融资约束。

民营企业技术创新活动的"长周期、高成本、高风险"等特点决定了其自身内部的金融资源往往难以支撑其创新投资，外部稳定的金融支撑成为其创新项目顺利实施的重要保障，民营企业创新活动对其外部融资能力有着较高的要求。

融资约束将进一步影响民营企业技术创新活动。融资约束越严重的企业，其资源可用规模也越小，进而限制了企业的创新投资机会。民营企业可用资金受限的情况下，会增加企业风险规避倾向，其倾向于选择保守型经营策略，降低企业开展创新活动的积极性。具体而言，面临较高融资约束时，民营企业会出于平稳运营与风险控制的考量，降低对高风险、收益滞后的创新项目的投入，将有限的金融资源投入收益较稳定、见效快的短期项目中以保证短期业绩。此外，融资约束越严重的民营企业，可供其进行抉择的生产经营创新决策集合也越小，因而，企业会被迫放弃一些资金需求量大、调整成本高的研发创新项目。同时，资金受限也会降低民营企业创新活动的成功率。创新活动具有创新周期长、资金需求量大等特点。民营企业技术创新过程的任何一个阶段的资金链出现问题均会导致项目中断，影响技术创新项目的顺利实施。如在项目实施过程中难以获得持续性的金融资源，必将进一步降低创新成功率，影响创新成果产出，甚至终止技术创新。

由此提出理论假设 H2：数字金融通过降低企业融资约束驱动民营企业技术创新。

7.2 研究设计

7.2.1 模型设定

为了进一步探究数字金融能否通过缓解融资约束驱动民营企业技术创新，本研究借鉴温忠麟（2022）的研究，构建如下模型进行识别检验。

$$Ino_{i,t} = \alpha_0 + \alpha_1 Dfi_{i,t} + \alpha_2 X_{i,t} + \delta_i + \varphi_t + \mu_{i,t} \quad (7-1)$$

$$Finc_{i,t} = \beta_0 + \beta_1 Dfi_{i,t} + \beta_2 X_{i,t} + \delta_i + \varphi_t + \mu_{i,t} \quad (7-2)$$

$$Ino_{i,t} = \gamma_0 + \gamma_1 Finc_{i,t} + \gamma_2 Dfi_{i,t} + \gamma_3 X_{i,t} + \delta_i + \varphi_t + \mu_{i,t}$$

$$(7-3)$$

其中，$Finc_{i,t}$ 为融资约束中介变量，模型（7-1）中的系数 α_1 测度数字金融影响企业技术创新的总效应，模型（7-2）中系数 β_1 表示数字金融对中介变量 $Finc_{i,t}$ 影响的大小，模型（7-3）中系数 γ_2 表示数字金融对民营企业技术创新的直接效应，模型（7-3）中的系数 γ_1 与模型（7-2）中系数 β_1

的乘积表示数字金融通过缓解融资约束影响民营企业技术创新的中介效应。

7.2.2 变量设定

关于民营企业技术创新变量、数字金融变量以及控制变量的相关指标与测度方法已在上一章介绍，因此，这里不再赘述，此处只对融资约束机制变量的选取与构造方法进行阐述。

企业面临的融资约束并不能直接从数据中观察得出，卡普兰和津盖尔斯（Kaplan & Zingales，1997）最先提出衡量企业融资约束的思路：根据企业的财务指标，定性地划分企业面临的融资约束，进而测量融资约束与企业各指标变量之间的关系，最终获得融资约束指标。关于公司融资约束测度的现有文献可以归纳为以下几类：（1）用利息支出比率，即企业利息支出占总负债的比例，衡量融资约束；（2）基于管理层对企业融资状况的主观感知调查数据；（3）借助企业内部现金流模型中的模型系数测度企业面临的融资约束；（4）综合公司的各种指标构建相关指数，如 Sa 指数与 Ww 指数等。

本研究选取客观性较强，且在学术界得到广泛应用的 Sa 指数度量企业的融资约束。Sa 指数最早由哈德洛克和皮尔斯（Hadlock & Pierce，2010）提出与构建，其计算公式为：

$$Sa = -0.737 \times Size + 0.043 \times Size^2 - 0.04 \times Age$$

$$(7-4)$$

式（7-4）中，*Size* 为企业总资产规模的自然对数；*Age* 为企业经营年度，即观测年度与企业成立时间之差。*Sa* 指数的值越大，企业面临的融资约束越严重。

此外，Ww 指数也应用较为广泛，Ww 指数最早由怀特德和吴（Whited & Wu，2006）提出与构建，其计算公式为：

$$Ww = -0.091 \times Cf - 0.062 \times Divpos + 0.021 \times Dms$$
$$- 0.044 \times Size + 0.102 \times Isg - 0.035 \times Sg$$

$$(7-5)$$

式（7-5）中，*Cf* 为现金流与总资产比率，即经营活动现金流量净额占总资产比重；*Divpos* 为现金股利支付虚拟变量，若当期派发现金股利则赋值为 1，反之则为 0；*Dms* 为长期负债占总资产比重；*Size* 为总资产的自然对数；*Isg* 为行业平均销售增长率；*Sg* 为销售收入增长率。Ww 指数的值越大，企业面临的融资约束越严重。本研究在机制检验中也选取 Ww 作为融资约束的替代变量，以提高回归结果的稳健性。融资约束中介机制变量的数据来源于国泰安与 Wind 数据库。

7.3　实证分析

7.3.1　间接效应

本研究对融资约束在数字金融对长三角民营企业技术创

新驱动过程中发挥的中介传导机制做了验证，结果如表 7 - 1 所示。

表 7 - 1　　　数字金融驱动长三角民营企业技术创新的
融资约束中介机制检验

项目	*Inop*	*Inoo*	*Sa*	*Ww*	*Inop* × *Sa*	*Inop* × *Ww*	*Inoo* × *Sa*	*Inoo* × *Ww*
	(1)	(2)	(3)	(4)	(5)	(6)	(7)	(8)
Dfi	0.0493 *** (10.391)	0.0200 *** (4.542)	− 0.0994 *** (− 22.63)	− 0.0933 * (− 1.767)	0.0301 (0.562)	0.00115 (0.0112)	0.00528 (0.0759)	0.0171 (0.259)
Sa					− 0.626 * (− 1.939)		− 0.224 *** (− 3.550)	
Ww						− 0.0401 ** (− 2.488)		− 0.00906 *** (− 3.491)
控制 变量	YES	YES	YES	YES	YES	YES	YES	YES
常数项	− 2.857 *** (− 3.402)	1.950 *** (3.041)	− 1.222 *** (− 27.89)	0.519 (0.596)	− 2.193 ** (− 2.061)	− 3.037 *** (− 3.089)	2.308 *** (3.268)	2.038 *** (3.114)
地区固 定效应	YES	YES	YES	YES	YES	YES	YES	YES
时间固 定效应	YES	YES	YES	YES	YES	YES	YES	YES
样本量	6046	6046	6046	6046	6046	6046	6046	6046
R^2	0.270	0.197	0.851	0.808	0.333	0.308	0.268	0.208

注：*** 、** 和 * 分别表示回归系数在 1%、5% 和 10% 的显著性水平下显著，括号内数据为 t 值。

表 7 - 1 中，列（1）为数字金融对长三角民营企业技术创新投入的基准回归模型，列（2）为数字金融对民营企业创新产出的基准回归模型。列（3）和列（4）分别为数字金融对民营企业用 Sa 和 Ww 指数度量的融资约束的回归模型。列

（5）和列（6）分别为将民营企业用 Sa 和 Ww 指数度量的融资约束指数引入技术创新投入基准回归模型的回归结果。列（7）和列（8）分别为将民营企业用 Sa 和 Ww 指数度量的融资约束指数引入技术创新产出基准回归模型的回归结果。

我们从列（1）和列（2）的回归结果可以发现，无论是投入角度，还是产出角度，数字金融对企业技术创新的影响均在 1% 的显著性水平下显著为正，由此可以知道数字金融对企业技术创新的总效应是显著为正的，由此可以进行进一步的中介效应分析。接下来考察数字金融对企业融资约束的影响，由列（3）和列（4）可知，数字金融对 Sa 指数的回归结果为 − 0.0994，对 Ww 指数的回归结果为 − 0.0933，且均在至少 10% 的水平下显著为负，由此可知，数字金融能够给民营企业带来更为充足的金融资源，进而有效缓解企业面临的融资约束问题。

进一步分析列（5）~列（8）后发现，Sa 与 Ww 指数的回归系数均显著为负，由此可以判断，数字金融影响民营企业技术创新的过程中，来自融资约束的中介效应显著，无须进行 Sobel 检验。此外，在加入融资约束指标后，无论是创新投入还是创新产出角度，数字金融对民营企业技术创新影响的系数与显著性都有着明显的降低，这进一步表明了数字金融不但可以直接驱动民营企业技术创新，还能通过缓解企业面临的融资约束，间接驱动民营企业技术创新水平，验证了"数字金融—融资约束—民营企业技术创新"的传导路径。综上可知，理论假设 H2 得到证实。

7.3.2 稳健性检验

为确保研究结论的可靠性，本研究还采用两类方法进行稳健性检验。

一是在双向固定效应模型中加入"地区×时间"的高阶联合固定效应，回归结果如表7-2所示。

表7-2 高阶联合固定稳健性检验

项目	$Inop$	$Inoo$	Sa	Ww	$Inop \times Sa$	$Inop \times Ww$	$Inoo \times Sa$	$Inoo \times Ww$
	(1)	(2)	(3)	(4)	(5)	(6)	(7)	(8)
Dfi	0.170 ***	0.0986 *	-0.00996 ***	-0.185 ***	0.259	-0.0895	0.261	-0.0943
	(4.436)	(1.726)	(-6.482)	(-6.395)	(0.481)	(-0.252)	(0.485)	(-0.265)
Sa					-1.035 ***	-0.354 ***		
					(-2.694)	(-3.414)		
Ww							-0.0401 **	-0.00417 ***
							(-2.454)	(-2.989)
控制变量	YES	YES	YES	YES	YES	YES	YES	YES
常数项	-3.001	2.197	-2.664 ***	6.220 ***	-0.616	3.138 *	-3.744	2.209
	(-1.261)	(1.249)	(-26.00)	(2.679)	(-0.214)	(1.660)	(-1.397)	(1.250)
地区固定效应	YES	YES	YES	YES	YES	YES	YES	YES
时间固定效应	YES	YES	YES	YES	YES	YES	YES	YES
地区固定效应×时间固定效应	YES	YES	YES	YES	YES	YES	YES	YES

续表

项目	Inop	Inoo	Sa	Ww	Inop × Sa	Inop × Ww	Inoo × Sa	Inoo × Ww
	(1)	(2)	(3)	(4)	(5)	(6)	(7)	(8)
样本量	6046	6046	6046	6046	6046	6046	6046	6046
R^2	0.371	0.213	0.888	0.032	0.435	0.216	0.435	0.233

注: *** 、** 和 * 分别表示回归系数在1%、5%和10%的显著性水平下显著, 括号内数据为 t 值。

由表 7 - 2 可以发现, 数字金融对民营企业技术创新投入与产出的回归系数均在至少 10% 的水平下显著为正, 对 Sa 与 Ww 指数的影响系数也均在 1% 的水平下显著为负。在同时纳入数字金融与融资约束指数的列 (5) ~ 列 (8) 中, 融资约束指数对企业技术创新投入与产出的回归系数也均在至少 5% 的水平下显著为负。由此可知, 融资约束的传导路径存在, 本研究的理论假设 H2 仍成立。

二是将解释变量滞后一期, 回归结果如表 7 - 3 所示。

表 7 - 3　　　　　　　解释变量滞后一期稳健性检验

项目	Inop	Inoo	Sa	Ww	Inop × Sa	Inop × Ww	Inoo × Sa	Inoo × Ww
	(1)	(2)	(3)	(4)	(5)	(6)	(7)	(8)
L. Dfi	0.0948 *** (3.799)	0.0601 * (1.933)	- 0.0984 *** (- 21.84)	- 0.0787 ** (- 2.414)	- 0.0122 (- 0.106)	0.0773 (0.992)	- 0.118 (- 1.087)	0.0670 (0.907)
Sa					- 1.117 *** (- 2.871)	- 0.164 *** (- 3.642)		
Ww							- 0.0536 *** (- 5.077)	- 0.0747 ** (- 2.119)
控制变量	YES	YES	YES	YES	YES	YES	YES	YES
常数项	- 3.235 *** (- 3.523)	2.444 *** (3.386)	- 1.457 *** (- 33.01)	- 0.145 (- 0.454)	- 1.619 (- 1.348)	2.732 *** (3.365)	- 3.223 *** (- 3.029)	2.482 *** (3.440)

项目	Inop	Inoo	Sa	Ww	Inop×Sa	Inop×Ww	Inoo×Sa	Inoo×Ww
	(1)	(2)	(3)	(4)	(5)	(6)	(7)	(8)
地区固定效应	YES	YES	YES	YES	YES	YES	YES	YES
时间固定效应	YES	YES	YES	YES	YES	YES	YES	YES
样本量	5589	5079	5589	5589	5589	5079	5589	5079
R^2	0.255	0.106	0.847	0.152	0.262	0.127	0.280	0.138

注：***、**和*分别表示回归系数在1%、5%和10%的显著性水平下显著，括号内数据为t值。

由回归结果可知，数字金融民营企业技术创新投入与产出的系数均在至少10%的水平下显著为正，对Sa与Ww指数的回归系数均在至少5%的水平下显著为负，在同时纳入数字金融与融资约束的列（5）～列（8）中，Sa与Ww指数对民营企业技术创新投入与产出的回归系数均在至少5%的水平下显著为负。由此可知，数字金融变量滞后一期替换数字金融变量后，融资约束仍在数字金融驱动民营企业技术创新的过程中起到了中介作用，理论假设H2进一步得到证实。

7.4 区域异质性分析

长三角区域上海市、江苏省、浙江省与安徽省的经济发展程度、市场化程度、金融体系完善程度存在着较大区别，因而，数字金融发展对民营企业技术创新的促进效果可能会有所差异。上海市的市场化程度较高，金融体系也较为完善，江苏和浙江次之，安徽相比较与上述三个省域市场和金融体系都有一定差距。

7.4.1　上海市

表 7 - 4 为上海市样本的融资约束检验结果。

表 7 - 4　　　上海市数字金融驱动民营企业技术创新的
融资约束机制检验

项目	Inop	Inoo	Sa	Inop × Sa	Inoo × Sa
	（1）	（2）	（3）	（4）	（5）
Dfi	0.249 *** (2.737)	0.199 *** (3.603)	- 0.0867 (- 0.932)	0.314 *** (3.285)	0.234 * (1.721)
Sa				- 0.789 (- 1.453)	- 0.271 (- 0.606)
控制变量	YES	YES	YES	YES	YES
常数项	- 0.728 (- 0.802)	1.168 (0.992)	- 0.550 *** (- 5.748)	- 0.656 (- 0.682)	1.300 (1.002)
地区固定效应	YES	YES	YES	YES	YES
时间固定效应	YES	YES	YES	YES	YES
样本量	1232	1232	1232	1232	1232
R^2	0.643	0.026	0.875	0.671	0.028

注：*** 和 * 分别表示回归系数在 1% 和 10% 的显著性水平下显著，括号内数据为 t 值。

表 7 - 4 中，列（1）为数字金融对民营企业技术创新投入的基准回归模型，列（2）为数字金融对企业创新产出的基

准回归模型，列（3）为数字金融对融资约束的回归模型，列（4）和列（5）分别为将融资约束引入技术创新投入和产出基准回归模型的回归结果。由列（1）和列（2）可知，上海市样本中，数字金融对民营企业技术创新投入的影响系数为0.249，对民营企业技术创新产出的影响系数为0.199，且均在1%的水平下显著为正，说明数字金融对民营企业技术创新存在显著的正向促进作用。列（3）中，数字金融对企业融资约束的影响系数为 - 0.0867，但并不显著。此外，列（4）和列（5）中，融资约束对民营企业技术创新投入与技术创新产出的回归系数分别为 - 0.789 与 - 0.271，但均不显著。究其原因，上海市市场体制与金融体制较为完善，外商直接投资也带来了大量的金融资源，相比较于其他省份，上海市民营企业的技术创新项目实施有着更为充裕的金融资源，因而，数字金融的发展对民营企业融资约束的影响并不显著。同时，由于民营企业有着较为充足的金融资源，在限制其技术研发活动的因素中，融资约束的影响程度有所减弱，因此，融资约束的缓解也难以对民营企业技术创新形成有效的激励作用。

由此可以判断，在上海市样本中，数字金融促进民营企业技术创新的融资中介机制并不显著。

7.4.2　江苏省

表7-5为江苏省样本的融资约束检验结果。

表 7 – 5　　江苏省数字金融驱动民营企业技术创新的
融资约束机制检验

项目	Inop	Inoo	Sa	Inop × Sa	Inoo × Sa
	（1）	（2）	（3）	（4）	（5）
Dfi	0.171*** (3.939)	0.0921** (2.303)	-0.105*** (-14.27)	-0.0237 (-0.118)	-0.0812 (-0.641)
Sa				-1.344** (-2.110)	-0.0993*** (-3.505)
控制变量	YES	YES	YES	YES	YES
常数项	-3.772** (-2.259)	0.999 (0.838)	-1.106*** (-14.84)	-2.313 (-1.142)	1.113 (0.873)
地区固定效应	YES	YES	YES	YES	YES
时间固定效应	YES	YES	YES	YES	YES
样本量	1937	1937	1937	1937	1937
R^2	0.223	0.004	0.866	0.296	0.014

注：***、** 分别表示回归系数在 1%、5% 的显著性水平下显著，括号内数据为 t 值。

表 7 – 5 中，列（1）为数字金融对民营企业技术创新投入的基准回归模型，列（2）为数字金融对民营企业创新产出的基准回归模型，列（3）为数字金融对融资约束的回归模型，列（4）和列（5）分别为将融资约束引入技术创新投入和产出基准回归模型的回归结果。由列（1）和列（2）可知，对江苏省的民营企业而言，数字金融对民营企业技术创新投入的影响系数为 0.171，且在 1% 的水平下显著为正；对民营企业技术创新产出的影响系数为 0.0921，且在 5% 的水平下显著为正。由此可知，数字金融对民营企业技术创新存在

显著的正向促进作用。列（3）中，数字金融对民营企业融资约束的影响系数为 - 0.105，且在 1% 的水平下显著为负。此外，列（4）和列（5）中，融资约束对民营企业技术创新投入与技术创新产出的回归系数分别为 - 1.344 与 - 0.0993，且在至少 5% 的水平下显著。

上述中介效应检验的步骤均得到满足，中介效应得到验证，数字金融不但可以对民营企业技术创新产生直接驱动效应，还能通过影响民营企业的融资约束间接对企业技术创新产生驱动作用。在江苏省的样本中，显著存在"数字金融—融资约束—民营企业技术创新"的传导路径。

7.4.3 浙江省

表 7 - 6 为浙江省样本的融资约束检验结果。

表 7 - 6　　浙江省数字金融驱动民营企业技术创新的
融资约束机制检验

项目	Inop	Inoo	Sa	Inop × Sa	Inoo × Sa
	（1）	（2）	（3）	（4）	（5）
Dfi	0.148 *** (3.213)	0.0653 ** (2.104)	- 0.111 *** (-15.22)	- 0.253 (-1.541)	- 0.0433 (-0.368)
Sa				- 0.787 * (-1.744)	- 0.131 *** (-3.383)
控制变量	YES	YES	YES	YES	YES
常数项	- 1.836 (-1.484)	3.905 *** (3.472)	- 1.492 *** (-20.07)	- 2.791 * (-1.740)	4.239 *** (3.423)

续表

项目	Inop	Inoo	Sa	Inop × Sa	Inoo × Sa
	(1)	(2)	(3)	(4)	(5)
地区固定效应	YES	YES	YES	YES	YES
时间固定效应	YES	YES	YES	YES	YES
样本量	2438	2438	2438	2438	2438
R^2	0.242	0.012	0.840	0.295	0.013

注: ***、** 和 * 分别表示回归系数在1%、5% 和10% 的显著性水平下显著, 括号内数据为 t 值。

表7-6中, 列 (1) 为数字金融对民营企业技术创新投入的基准回归模型, 列 (2) 为数字金融对民营企业创新产出的基准回归模型, 列 (3) 为数字金融对融资约束的回归模型, 列 (4) 和列 (5) 分别为将融资约束引入技术创新投入与产出基准回归模型的回归结果。列 (1) 和列 (2) 的回归结果显示, 对浙江省的民营企业而言, 数字金融对民营企业技术创新投入的影响系数为0.148, 且在1% 的水平下显著为正; 对民营企业技术创新产出的影响系数为0.0653, 且在5% 的水平下显著为正。中介效应逐步回归检验法的第一步得到满足, 数字金融对民营企业技术创新存在显著的正向驱动作用, 可以分析影响路径。列 (3) 中, 数字金融对企业融资约束的影响系数为 -0.111, 且在1% 的水平下显著为负, 即数字金融能显著缓解民营企业的融资约束, 中介效应逐步回归检验法的第二步也得到满足。列 (4) 和列 (5) 中, 融资约束对民营企业技术创新投入与技术创新产出的回归系数为 -0.787 与 -0.131, 且均在至少10% 的水平下显著。

综上可知，中介效应检验的所有步骤均得到满足，中介效应得到验证，在浙江省样本中，数字金融不但可以对民营企业技术创新产生直接驱动效应，还能通过影响民营企业的融资约束间接对企业技术创新产生驱动作用。

7.4.4 安徽省

表 7-7 为安徽省样本的融资约束检验结果。

表 7-7　　安徽省数字金融驱动民营企业技术创新的
融资约束机制检验

| 项目 | $Inop$ | $Inoo$ | Sa | $Inop \times Sa$ | $Inoo \times Sa$ |
	（1）	（2）	（3）	（4）	（5）
Dfi	0.304*** （5.624）	0.202 （1.062）	-0.0369*** （-2.709）	0.507 （0.880）	-0.128 （-0.516）
Sa				-4.901** （-2.341）	-1.525 （-1.500）
控制变量	YES	YES	YES	YES	YES
常数项	-12.72*** （-2.869）	-0.288 （-0.119）	-1.640*** （-12.21）	-6.495 （-1.046）	2.398 （0.798）
地区固定效应	YES	YES	YES	YES	YES
时间固定效应	YES	YES	YES	YES	YES
样本量	439	439	439	439	439
R^2	0.244	0.032	0.873	0.250	0.038

注：***、**分别表示回归系数在1%、5%的显著性水平下显著，括号内数据为 t 值。

列（1）为数字金融对民营企业技术创新投入的基准回归

模型，列（2）为数字金融对民营企业创新产出的基准回归模型，列（3）为数字金融对融资约束的回归模型，列（4）和列（5）分别为将融资约束引入技术创新投入与产出基准回归模型的回归结果。

技术创新投入方面：列（1）的回归结果显示，对安徽省的企业而言，数字金融对民营企业技术创新投入的影响系数为 0.304，且在 1% 的水平下显著为正。列（3）的回归结果显示，数字金融对民营企业融资约束的影响系数为 -0.0369，且在 1% 的水平下显著为负。此外，列（4）中，融资约束对民营企业技术创新投入的影响系数为 -4.901，且在 5% 的水平下显著。可见，中介效应逐步回归法的所有步骤均得到满足，在安徽省样本中，数字金融不但能直接对民营企业技术创新投入产生影响，还能通过影响民营企业的融资约束，间接促进民营企业增加技术创新投入。

技术创新产出方面：列（2）的回归结果显示，安徽省样本中，数字金融对民营企业技术创新产出的影响系数为 0.202，但不显著。列（5）的回归结果显示融资约束对民营企业技术创新产出的影响系数为 -1.525，但不显著。由此可以判断，对安徽省样本而言，融资约束并未在数字金融与民营企业技术创新产出两者间起到中介作用。相比较于策略式创新，实质性创新有着更大的资金需求。对于安徽省而言，民营企业金融资源相对短缺，数字金融的发展虽然带来了一定的金融资源，但是还是难以满足民营企业实质性创新的资金需求。因而，在数字金融发展初期，数字金融仅能缓解融资约束进而对民营企业技术创新投入产生影响，却难以通过融资约束途径对民营企业技术创新产生明显的驱动作用。

综上可知，对安徽省样本而言，显著存在"数字金融—融资约束—民营企业技术创新投入"的传导路径，但并不存在"数字金融—融资约束—民营企业技术创新产出"的传导路径。

7.5　比较分析

为进一步深入分析上海市、江苏省、浙江省与安徽省各地区融资约束中介效应值的差异，本研究基于"数字金融—融资约束—民营企业技术创新"机制进行了 Sobel 中介效应检验。检验结果如表 7 - 8 所示。

表 7 - 8　　　　　融资约束中介机制的 Sobel 检验结果

项目	上海市		江苏省		浙江省		安徽省	
	$Inop$	$Inoo$	$Inop$	$Inoo$	$Inop$	$Inoo$	$Inop$	$Inoo$
	(1)	(2)	(3)	(4)	(5)	(6)	(7)	(8)
中介效应值	0.0057	0.0064	0.0063	0.0101	0.0027	0.0111	0.0163	0.0081
Sobel 值	0.0701	0.7038	2.635	2.957	5.6854	3.9027	3.3271	1.36
p 值	0.9441	0.4816	0.0084	0.0031	0.0000	0.0000	0.0000	0.1740
控制变量	YES	YES	YES	YES	YES	YES	YES	YES
地区固定效应	YES	YES	YES	YES	YES	YES	YES	YES
时间固定效应	YES	YES	YES	YES	YES	YES	YES	YES

续表

项目	上海市		江苏省		浙江省		安徽省	
	Inop	*Inoo*	*Inop*	*Inoo*	*Inop*	*Inoo*	*Inop*	*Inoo*
	(1)	(2)	(3)	(4)	(5)	(6)	(7)	(8)
抽样次数	500	500	500	500	500	500	500	500
样本量	1232	1232	1937	1937	2438	2438	439	439
R^2	0.3223	0.1419	0.2849	0.0333	0.3346	0.0540	0.2247	0.0443

表 7-8 中 Sobel 中介效应检验结果显示，上海市样本中，融资约束在民营企业技术创新投入与产出中的中介效应值为 0.0057 与 0.0064，但中介效应值均不显著。在江苏省样本中，融资约束在民营企业技术创新投入与产出中的中介效应值为 0.0063 与 0.0101，中介效应值均在 1% 的水平下显著。在浙江省样本中，融资约束在民营企业技术创新投入与产出中的中介效应值为 0.0027 与 0.0111，中介效应值均在 1% 的水平下显著。在安徽省样本中，融资约束在民营企业技术创新投入与产出中的中介效应值为 0.0163 与 0.0081，融资约束在数字金融驱动民营企业技术创新投入过程中中介效应显著，而在数字金融驱动民营企业技术创新产出时中介效应并不显著。

分区域比较分析发现，融资约束在民营企业技术创新投入上中介效应值排名为"安徽省 > 江苏省 > 上海市 > 浙江省"，融资约束在民营企业技术创新产出上中介效应值排名为"浙江省 > 江苏省 > 安徽省 > 上海市"。产生安徽省在技术创新投入上排名靠前的现象可能是因为：安徽省金融体系改革较为落后，民营企业技术创新上融资较为困难，数字金融有着更大的边际作用。而由于配套的设施相对落后，因而创新效率相对低下，融资约束在民营企业技术创新产出上的中介作用值较小，且不显著。出现上海市排名均靠后现象，且在民营企业技术创新投入与创新产出上融资约束的中介效应均不显著现象的可能原因为，上海市有充足的金融资源，由于资源存在边际递减效应，数字金融带来的融资约束改善对民营企业技术创新水平的作用相对较小。创新投入与创新产出的对比分析发现，只有安徽省融资约束机制对民营企业技术创新投入的作用更为明显，其余地区都是对民营企业技术创新产出的作用更为明显。这一现象进一步证实了安徽省可能存在配套的设施相对落后的现象，导致创新效率低下，融资约束在民营企业技术创新产出上的中介效应值较小。

7.6　结论与讨论

本章探讨和实证分析了数字金融影响民营企业技术创新的融资约束机制，并按照不同省域进行了区域异质性分析，得到了以下几个结论。

第一，运用逐步回归法实证检验了中介机制，结果显示数字金融能通过缓解企业面临的融资约束，间接驱动民营企业技术创新水平，验证了"数字金融—融资约束—民营企业技术创新"的传导路径。

第二，融资约束的区域异质性分析结果显示：上海市样本中，数字金融驱动民营企业技术创新的融资约束机制并不成立；江苏省的样本中，显著存在"数字金融—融资约束—民营企业技术创新"的传导路径；在浙江省样本中，显著存在数字金融驱动民营企业技术创新的融资约束机制；在安徽省样本中，显著存在"数字金融—融资约束—民营企业技术创新投入"的传导路径，但并不存在"数字金融—融资约束—民营企业技术创新产出"的传导路径。

　　第三，比较分析发现，融资约束在民营企业技术创新投入上中介效应值排名为"安徽省 > 江苏省 > 上海市 > 浙江省"，融资约束在民营企业技术创新产出上中介效应值排名为"浙江省 > 江苏省 > 安徽省 > 上海市"。

第8章　风险承担间接驱动效应

由于技术创新活动的"高风险、长周期"等特点，只有在风险承担水平较高的民营企业，才更能出于项目投资的"成本—收益"目的，倾向于选择并遵循最佳的技术创新投资决策。风险承担是民营企业进行创新决策的重要影响因素之一。据此，在本章中，重点研究风险承担在数字金融与民营企业技术创新之间的中介作用，运用2011～2021年长三角民营企业数据对假设关系与理论模型进行实证检验，全面考察以风险承担为中介机制的数字金融对民营企业技术创新的驱动效应。

8.1　理论假设

根据委托代理理论，企业管理者信息不对称导致的自利行为与风险规避倾向等因素会降低其冒险动机，从而降低企业的风险承担水平。而民营企业作为一定环境中经营的微观经济主体，其管理层的行为与外部金融环境关系紧密。而数字金融作为金融与科技的结合，重塑了传统金融环境，深刻影响了民营企业管理者的行为，同时，数字金融还能发挥外部治理作用，有效缓解民营企业管理者的短视行为。

数字金融对民营企业风险承担的影响可以归纳为两个方面。一方面，数字金融可以发挥资源效应，通过为民营企业提供丰富的融资渠道，降低民营企业的融资成本，丰富民营企业的金融资源，进而减弱管理者的风险规避倾向。另一方面，数字金融发挥信息效应，还能以数字技术赋能金融机构，改善金融市场中借贷双方的信息不对称问题，提升市场透明度，实现投资者对民营企业管理者的有效监督。

从数字金融的资源配置效应来看。首先，数字金融可以拓宽融资渠道。数字金融的发展催生出了大科技平台、互联网银行等信贷机构，绿色金融、物联网金融、产业链金融等各种新业态，丰富了民营企业的融资方式，拓宽了民营企业的融资渠道，较大程度缓解了民营企业的融资压力。其次，数字金融变革了传统金融体系，提高了传统金融机构服务民营企业的能力与质量，缓解了民营企业因融资困难而导致的资金链断裂问题。最后，数字金融还能改善资源错配问题。数字金融具有普惠特性，能帮助长尾群体打破传统金融服务"卷帘门"的束缚，扩宽金融资源的配置范围，助力资金供需双方的高质量、高效率匹配，降低金融资源误置。在此情况下，民营企业会拥有较为充足的金融资源，管理者风险规避倾向会降低，也能更好地把握投资机会，主动选择较高风险较高回报的优质项目，进而提升民营企业风险承担水平。

从数字金融的信息效应来看。首先，民营企业管理者难以全方位把握投资项目与创新机遇的信息，信息不对称问题的存在增大了企业投资决策不确定性。而数字金融依托数字技术搭建实时跨平台交流的交互网络，帮助民营企业管理者及时获取外部信息，此外，数字金融还能以较低的成本挖掘处理数据，将非结构化的数据以结构化的形式呈现，帮助民营企业管理者抓住重要投资机会与关键信息。其次，数字金融的科技属性决定了其在大数据、互联网、人工智能、区块链等现代信息技术的加持下能以较低的成本快速有效地处理海量数据，还能对现有信息进行进一步的挖掘，提升信息吸纳的深度与广度，帮助民营企业管理者获取投资的全方位信息，弱化民营企业管理者投资决策的风险规避倾向，提高管理者风险投资的积极性，进而影响民营企业的风险承担水平。最后，数字金融还能有效减少因信息不对称与道德风险问题导致的民营企业管理者机会主义行为，调动其投资管理的积极性，主动选择优质项目进行投资，进而提高民营企业风险承担水平。

风险承担又是企业进行创新决策的重要影响因素之一，风险承担水平的提高意味着民营企业更愿承担风险，因而更有可能开展风险较高的创新活动。民营企业风险承担对企业技术创新水平的影响主要体现在以下几方面。第一，风险承担水平的提高可以增加企业创新项目投入与选择的机会。民营企业风险承担水平较高说明企业管理者层的风险容忍度较高，因而，管理者更能基于项目投资的"成本—收益"原则，倾向于选择并遵循最佳投资决策，不放弃有技术创新思想的项目，愿意投资于风险较大且净现值为正的高风险高收益项目，有效抑制民营企业短视行为，促进了民营企业技术创新。第二，根据委托代理理论，投资者更看重民营企业长期经营绩效，而民营企业管理者可能牺牲公司长远利益以满足自身的当前利益追求。风险承担水平较低的民营企业，其管理者为避免自身承担潜在的损失，在制定创新决策过程中，往往较为关注民营企业的短期利益而忽视企业的长期利益，容易选择技术含量低、风险小的项目，放弃风险高、利润丰厚的技术创新项目，进而影响到技术创新质量。而随着风险承担水平的提升，民营企业更愿意投资于一些高风险项目以获取高额利润，这样可以有效抑制其短视行为，优化民营企业的创新投资轨迹，促进民营企业高质量技术创新。第三，民营企业风险承担水平越高，意味着民营企业对技术创新项目的信心也越强，也更愿意面对创新过程中的各种不确定性问题，通过投资高风险的技术创新项目以谋取快速发展的机遇，从而激励民营企业的突破与创新。

由此提出理论假设 H3：数字金融通过提高企业风险承担水平驱动民营企业技术创新。

8.2 研究设计

8.2.1 模型设定

为了进一步探究数字金融能否通过降低企业风险承担驱动民营企业技术创新，本研究构建如下模型进行识别检验。

$$Ino_{i,t} = \alpha_0 + \alpha_1 Dfi_{i,t} + \alpha_2 X_{i,t} + \delta_i + \varphi_t + \mu_{i,t} \quad (8-1)$$

$$Risk_{i,t} = \beta_0 + \beta_1 Dfi_{i,t} + \beta_2 X_{i,t} + \delta_i + \varphi_t + \mu_{i,t} \quad (8-2)$$

$$Ino_{i,t} = \gamma_0 + \gamma_1 RiskT_{i,t} + \gamma_2 Dfi_{i,t} + \gamma_3 X_{i,t} + \delta_i + \varphi_t + \mu_{i,t}$$
$$(8-3)$$

其中，$Risk_{i,t}$ 为中介变量风险承担，模型（8-1）中的系数 α_1 测度数字金融驱动民营企业技术创新的总效应，模型（8-2）中系数 β_1 表示数字金融对中介变量 $Risk_{i,t}$ 影响的大小，模型（8-3）中系数 γ_2 表示数字金融对民营企业技术创新的直接驱动效应，模型（8-3）中的系数 γ_1 与模型（8-2）中系数 β_1 的乘积表示数字金融通过提高企业风险承担水平影响民营企业技术创新的中介驱动效应。

8.2.2 变量设定

已有研究主要用企业盈利波动性、负债比率与股票回报波动性等指标衡量企业风险承担。风险承担水平的提高意味着民营企业未来现金流不确定性的增加，因而，本研究选取企业盈利波动性这一广泛应用的风险承担指标度量民营企业的风险承担水平。具体计算公式如下：

$$RiskT_{it} = \sqrt{\frac{1}{T-1}\sum_{t=1}^{T}\left(Adj\_Roa_{it} - \frac{1}{T}\sum_{t=1}^{T}Adj\_Roa_{it}\right)^2}, T = 3$$

$$(8-4)$$

式（8-4）中，Adj_Roa_{it} 由总资产收益率（Roa）经过行业均值调整获得，i 表示公司，t 表示时间。在 2011～2021 年的样本期间，只有公司具有 3 个连续的观测值才可以计算风险承担水平，没有达到 3 个连续观测值标准的则予以剔除。

此外，本研究还采用公司样本期间最大与最小的 Adj_Roa_{it} 的差额表示企业风险承担水平，在机制检验中作为企业风险承担的替代变量，以提高机制检验结果的稳健性。风险承担机制变量的数据来源于国泰安与 Wind 数据库。

8.3　实证分析

8.3.1　间接效应

本研究通过验证数字金融发展对民营企业风险承担水平的影响，以及风险承担水平对民营企业技术创新的影响，以验证数字金融通过影响民营企业风险承担水平进而提高企业技术创新水平的驱动机制。

数字金融驱动长三角民营企业技术创新的风险承担机制中介检验结果如表 8 - 1 所示，其中，列（1）为数字金融对民营企业技术创新投入的基准回归模型，列（2）为数字金融对民营企业创新产出的基准回归模型，列（3）为数字金融对 RiskT 指数的回归模型，列（4）为数字金融对 RiskRa 指数的回归模型。列（5）和列（6）分别为将 RiskT 与 RiskRa 指数引入技术创新投入基准回归模型的回归结果。列（7）和列（8）分别为将 RiskT 与 RiskRa 指数引入技术创新产出基准回归模型的回归结果。

表 8 - 1　　　数字金融驱动民营企业技术创新的风险
承担中介机制检验

项目	$Inop$	$Inoo$	$RiskT$	$RiskRa$	$Inop \times RiskT$	$Inop \times RiskRa$	$Inoo \times RiskT$	$Inoo \times RiskRa$
	(1)	(2)	(3)	(4)	(5)	(6)	(7)	(8)
Dfi	0.0493 *** (10.391)	0.0200 *** (4.542)	0.0146 ** (2.51)	0.0228 ** (2.21)	−0.00852 (−0.0466)	−0.00907 (−0.0497)	0.0064 (0.692)	0.0066 (0.692)
Sa					0.266 *** (2.700)		0.229 *** (6.258)	
Ww						0.148 *** (4.712)		0.147 *** (5.473)
控制变量	YES	YES	YES	YES	YES	YES	YES	YES
常数项	−2.857 *** (−3.402)	1.950 *** (3.041)	−0.310 *** (−2.589)	−0.550 ** (−2.517)	0.719 (0.310)	0.720 (0.311)	0.248 (0.239)	0.258 (0.249)

续表

项目	Inop	Inoo	RiskT	RiskRa	Inop × RiskT	Inop × RiskRa	Inoo × RiskT	Inoo × RiskRa
	(1)	(2)	(3)	(4)	(5)	(6)	(7)	(8)
地区固定效应	YES	YES	YES	YES	YES	YES	YES	YES
时间固定效应	YES	YES	YES	YES	YES	YES	YES	YES
样本量	6046	6046	6046	6046	6046	6046	6046	6046
R^2	0.270	0.197	0.033	0.033	0.360	0.300	0.260	0.210

注：***、** 分别表示回归系数在 1%、5% 的显著性水平下显著，括号内数据为 t 值。

　　我们从列（1）和列（2）的回归结果可以发现，无论是投入角度，还是产出角度，数字金融对民营企业技术创新的影响均在 1% 的显著性水平下显著为正，由此可知数字金融对民营企业技术创新的总效应是显著为正的，因此可以进行进一步的中介效应分析。接下来考察数字金融对民营企业风险承担水平的影响，由列（3）和列（4）可知，数字金融对 RiskT 的指数的回归结果为 0.0146，对 RiskRa 指数的回归结果为 0.0228，且均在 5% 的显著性水平下显著为正。由此可以判断，数字金融的发展能够有效将非结构化信息转化为结构化信息，进而精准评估投资项目风险与报酬，有效提高民营企业项目评估能力与风险承担水平。

　　进一步分析列（5）~ 列（8）后发现，风险承担指标 RiskT 与 RiskRa 指数的回归系数均显著为正，由此可知，无论是投入还是产出角度，在数字金融影响民营企业技术创新的过程中，来自风险承担水平的中介效应显著，无须进行 So-bel 检验。此外，在加入风险承担水平指数后，无论是创新投入还是创新产出角度，数字金融对民营企业技术创新影响的系数与显著性都有着明显的降低，其中，对企业技术创新产出的影响甚至转变为不显著的负向关系。以上实证结果结合中介效应的判断准则可知，数字金融不但可以直接影响民营企业技术创新，还能通过提高民营企业风险承担水平，间接促进企业技术创新，有效验证了"数字金融—风险承担水平—民营企业技术创新"的传导路径。综上所述，假设 H3 得到证实。

8.3.2 稳健性检验

本研究还采用两类方法进行稳健性检验，以提高理论假说结论验证的有效性与可靠性。

首先，在双向固定效应模型中加入"地区×时间"的高阶联合固定效应，回归结果如表 8 - 2 所示。

表 8 - 2 　　　　　　　　高阶联合固定稳健性检验

项目	$Inop$	$Inoo$	$RiskT$	$RiskRa$	$Inop \times RiskT$	$Inoo \times RiskRa$	$Inop \times RiskT$	$Inoo \times RiskRa$
	(1)	(2)	(3)	(4)	(5)	(6)	(7)	(8)
Df_i	0.170 ***	0.0986 *	0.0709 **	0.128 ***	0.430	0.621	0.430	0.624
	(4.436)	(1.726)	(2.189)	(3.591)	(0.515)	(1.614)	(0.515)	(1.622)
$RiskT$					0.279 ***	0.272 **		
					(3.702)	(1.991)		

续表

项目	Inop	Inoo	RiskT	RiskRa	Inop × RiskT	Inoo × RiskRa	Inop × RiskT	Inoo × RiskRa
	(1)	(2)	(3)	(4)	(5)	(6)	(7)	(8)
RiskRa							0.157*** (6.749)	0.173* (1.724)
控制变量	YES	YES	YES	YES	YES	YES	YES	YES
常数项	−3.001 (−1.261)	2.197 (1.249)	−0.0789 (−0.337)	−0.143 (−0.335)	0.374 (0.0839)	−2.017 (−0.986)	0.379 (0.0850)	−2.014 (−0.985)
地区固定效应	YES	YES	YES	YES	YES	YES	YES	YES
时间固定效应	YES	YES	YES	YES	YES	YES	YES	YES
地区固定效应×时间固定效应	YES	YES	YES	YES	YES	YES	YES	YES
样本量	6046	6046	6046	6046	6046	6046	6046	6046
R^2	0.371	0.213	0.049	0.051	0.401	0.226	0.401	0.221

注：***、** 和 * 分别表示回归系数在 1%、5% 和 10% 的显著性水平下显著，括号内数据为 t 值。

根据表 8 - 2，可以发现数字金融对民营企业技术创新投入与产出的系数均在至少 10% 的水平下显著为正，对风险承担 RiskT 与 RiskRa 的回归系数均在至少 5% 的水平下显著为正，在同时纳入数字金融与风险承担的列（5）~ 列（8）中，风险承担 RiskT 与 RiskRa 对民营企业技术创新投入与产出的回归系数均在至少 10% 的水平下显著为正。由此可知，"数字金融—风险承担水平—民营企业技术创新"

的传导路径仍成立，核心结论是稳健的。

接着，将解释变量滞后一期，回归结果如表8-3所示。

表8-3　　　　　　　解释变量滞后一期稳健性检验

项目	Inop	Inoo	RiskT	RiskRa	Inop × RiskT	Inoo × RiskRa	Inop × RiskT	Inoo × RiskRa
	(1)	(2)	(3)	(4)	(5)	(6)	(7)	(8)
L. Dfi	0.0948 ***	0.0601 *	0.0373 ***	0.0704 ***	-0.366 *	0.118	-0.366 *	0.120
	(3.799)	(1.933)	(3.382)	(3.490)	(-1.886)	(1.240)	(-1.885)	(1.263)
RiskT					0.261 **	0.0912 **		
					(2.068)	(2.426)		
RiskRa							0.139 ***	0.0807 ***
							(3.617)	(3.707)
控制变量	YES	YES	YES	YES	YES	YES	YES	YES
常数项	-3.235 ***	2.444 ***	-0.510 ***	-0.913 ***	-0.288	1.271	-0.283	1.298
	(-3.523)	(3.386)	(-3.997)	(-3.919)	(-0.126)	(1.157)	(-0.124)	(1.182)
地区固定效应	YES	YES	YES	YES	YES	YES	YES	YES
时间固定效应	YES	YES	YES	YES	YES	YES	YES	YES
样本量	5589	5079	5589	5589	5589	5079	5589	5079
R^2	0.255	0.106	0.039	0.040	0.308	0.123	0.298	0.125

注：***、** 和 * 分别表示回归系数在1%、5%和10%的显著性水平下显著，括号内数据为t值。

由表8-3可以发现，数字金融对民营企业技术创新投入与产出的回归系数均在至少10%的水平下显著为正，对企业风险承担指数RiskT与RiskRa的影响系数也均在1%的水平下显著为正。在同时纳入数字金融与企业风险承担指数的列（5）~列（8）中，风险承担指数对民营企业技术创新投入与产出的回归系数也均在至少5%的水平下显著为正。由此可知，"数字金融—风险承担水平—民营企业技术创新"的传导路径存在。

8.4　区域异质性分析

为进一步分析长三角不同省域数字金融驱动民营企业技术创新的风险承担机制是否存在区域异质性，本研究将原始样本划分为上海市、江苏省、浙江省与安徽省四个样本后，进一步进行回归分析。

8.4.1　上海市

表 8 - 4 为上海市样本的风险承担检验结果。列（1）和列（2）分别为数字金融对民营企业技术创新投入与技术创新产出的基准回归模型，列（3）为数字金融对民营企业风险承担的回归模型，列（4）和列（5）分别为将企业风险承担引入技术创新投入与产出基准回归模型的回归结果。

表 8 - 4　　　上海市数字金融驱动民营企业技术创新的
风险承担机制检验

项目	$Inop$	$Inoo$	$RiskT$	$Inop \times RiskT$	$Inoo \times RiskT$
	（1）	（2）	（3）	（4）	（5）
Dfi	0. 249***	0. 199***	0. 0300***	0. 253*	0. 0539
	（2. 737）	（3. 603）	（2. 930）	（1. 926）	（0. 367）

续表

项目	*Inop*	*Inoo*	*RiskT*	*Inop* ×*RiskT*	*Inoo* ×*RiskT*
	（1）	（2）	（3）	（4）	（5）
RiskT				1.095 （0.856）	0.422* （1.787）
控制变量	YES	YES	YES	YES	YES
常数项	−0.728 （−0.802）	1.168 （0.992）	0.328 （1.442）	1.032 （0.624）	−0.0504 （−0.0290）
地区固定效应	YES	YES	YES	YES	YES
时间固定效应	YES	YES	YES	YES	YES
样本量	1232	1232	1232	1232	1232
R^2	0.643	0.026	0.131	0.650	0.040

注：*** 和 * 分别表示回归系数在 1% 和 10% 的显著性水平下显著，括号内数据为 t 值。

由表 8 – 4 可知，列（1）和列（2）中，数字金融对民营企业技术创新投入与技术创新产出的影响系数均在 1% 的水平下显著为正，说明数字金融对民营企业技术创新存在显著的正向促进作用。列（3）中，数字金融对企业风险承担的影响系数为 0.0300，且在 1% 的水平下显著为正。列（4）中，企业风险承担对企业技术创新投入的回归系数为 1.095，但并不显著。由此可以判断，对上海市样本而言，风险承担并未在数字金融与企业技术创新投入两者间起到中介作用。列（5）中风险承担对民营企业技术创新产出的回归系数为 0.422，且在 10% 的水平下显著为正。至此，中介效应逐步回归法的所有步骤均得到满足，可见，在上海市样本中，数字金融不但能直接对民营企业技术创新产出产生影响，还能通过影响民营企业的风险承担水平，间接促进企业提高技术创新产出。数字金融可提高金融机构与民营企业之间的信贷匹配度，降低民营企业融资风险，提高其风险承担水平。而高风险特征的实质性创新投资往往不会被风险承担水平较低的企业纳入决策范围。因而，数字金融发展水平较低时，由于民营企业风险承担水平较低，往往存在创新决策扭曲行为，表现为高创新投入、低创新产出的现象。而随着数字金融发展水平提高，民营企业风险承担水平也相应提高，其创新决策扭曲行为有所改善，创新效率提高，即在相同的技术创新投入下，企业能产生更多的技术创新产出。可见，数字金融在提高民营企业风险承担水平时，更多的表现为提高了民营企业的技术创新效率。

综上所述，对上海市样本而言，显著存在"数字金融—风险承担—民营企业技术创新产出"的传导路径，但并不存在"数字金融—风险承担—民营企业技术创新投入"的传导路径。

8.4.2　江苏省

表 8-5 为江苏省样本的风险承担检验结果。列（1）和列（2）分别为数字金融对民营企业技术创新投入与创新产出的基准回归模型，列（3）为数字金融对企业风险承担的回归模型，列（4）和列（5）分别为将企业风险承担引入技术创

新投入和产出基准回归模型的回归结果。

表8-5　　江苏省数字金融驱动民营企业技术创新的
风险承担机制检验

项目	$Inop$	$Inoo$	$RiskT$	$Inop \times RiskT$	$Inoo \times RiskT$
	（1）	（2）	（3）	（4）	（5）
Dfi	0.171***	0.0921**	0.0157*	0.235	0.0817
	(3.939)	(2.303)	(1.776)	(0.666)	(0.520)
$RiskT$				0.420***	1.023***
				(3.659)	(3.288)
控制变量	YES	YES	YES	YES	YES
常数项	-3.772**	0.999	-0.884***	2.134	2.115
	(-2.259)	(0.838)	(-4.043)	(0.502)	(1.133)
地区固定效应	YES	YES	YES	YES	YES
时间固定效应	YES	YES	YES	YES	YES
样本量	1937	1937	1937	1937	1937
R^2	0.223	0.004	0.096	0.289	0.029

注：***、**和*分别表示回归系数在1%、5%和10%的显著性水平下显著，括号内数据为t值。

由表8-5可知，列（1）和列（2）中，数字金融对民营企业技术创新投入与产出的影响系数均在至少5%的水平下显著为正，由此可知，数字金融对民营企业技术创新存在显著的正向促进作用，中介效应检验第一步得到满足。列（3）中，数字金融对民营企业风险承担的影响系数为0.0157，且在10%的水平下显著为负。此外，列（4）和列（5）中，风险承担对民营企业技术创新投入与技术创新产出的回归系数分别为0.420与1.023，且均在1%的水平下显著。

以上分析可知，中介效应检验的步骤均得到满足，中介效应得到验证，数字金融不但可以对江苏省民营企业技术创新产生直接效应，还能通过影响民营企业的风险承担水平间接对民营企业技术创新产生驱动作用。在江苏省的样本中，显著存在"数字金融—风险承担—民营企业技术创新"的传导路径。

8.4.3　浙江省

表 8-6 为浙江省样本的风险承担检验结果。列（1）和列（2）分别为数字金融对民营企业技术创新投入与企业创新产出的基准回归模型，列（3）为数字金融对企业风险承担的回归模型，列（4）和列（5）分别为将企业风险承担引入技术创新投入和产出基准回归模型的回归结果。

表 8-6　浙江省数字金融驱动民营企业技术创新的风险承担机制检验

项目	$Inop$	$Inoo$	$RiskT$	$Inop \times RiskT$	$Inoo \times RiskT$
	（1）	（2）	（3）	（4）	（5）
Dfi	0.148 *** （3.213）	0.0653 ** （2.104）	0.0481 *** （3.313）	-0.381 （-1.410）	-0.000770 （-0.00565）
$RiskT$				0.430 *** （2.776）	0.429 ** （2.459）
控制变量	YES	YES	YES	YES	YES
常数项	-1.836 （-1.484）	3.905 *** （3.472）	-0.118 （-0.555）	-1.374 （-0.377）	-0.711 （-0.361）

续表

项目	*Inop*	*Inoo*	*RiskT*	*Inop* × *RiskT*	*Inoo* × *RiskT*
	(1)	(2)	(3)	(4)	(5)
地区固定效应	YES	YES	YES	YES	YES
时间固定效应	YES	YES	YES	YES	YES
样本量	2438	2438	2438	2438	2438
R^2	0.292	0.012	0.027	0.305	0.028

注: ***、** 分别表示回归系数在1%、5%的显著性水平下显著,括号内数据为 t 值。

由表8-6可知,列(1)和列(2)中,数字金融对民营企业技术创新投入与产出的影响系数均在至少5%的水平下显著为正,由此可知,数字金融对民营企业技术创新存在显著的正向促进作用,中介效应第一步得到满足。列(3)中,数字金融对企业风险承担的影响系数为0.0481,且在1%的水平下显著为正。中介效应的第二步也得到满足。此外,列(4)中,风险承担对民营企业技术创新投入的回归系数为0.430且在1%的水平下显著为正;列(5)中,风险承担对企业技术创新产出的回归系数为0.429且在5%的水平下显著为正。也就是说,风险承担能显著提升民营企业技术创新投入与技术创新产出水平。

以上分析可知,根据表8-6的回归结果,并结合中介效应存在性的判断准则可知,在浙江省样本中,数字金融不但可以对民营企业技术创新产生直接效应,还能通过影响民营企业的风险承担水平间接对民营企业技术创新产生驱动作用。

8.4.4　安徽省

表 8-7 为安徽省样本的风险承担检验结果。列（1）和列（2）分别为数字金融对民营企业技术创新投入与技术创新产出的基准回归模型，列（3）为数字金融对民营企业风险承担的回归模型，列（4）和列（5）分别为将企业风险承担引入技术创新投入和产出基准回归模型的回归结果。

表 8-7　　安徽省数字金融驱动民营企业技术创新的风险承担机制检验

项目	$Inop$	$Inoo$	$RiskT$	$Inop \times RiskT$	$Inoo \times RiskT$
	（1）	（2）	（3）	（4）	（5）
Dfi	0.304***	0.202	-0.00950	0.154	0.297
	(5.624)	(1.062)	(-0.347)	(0.149)	(1.017)
$RiskT$				4.163	1.229
				(0.735)	(1.492)
控制变量	YES	YES	YES	YES	YES
常数项	-12.72***	-0.288	-0.0571	1.791	-0.480
	(-2.869)	(-0.119)	(-0.145)	(0.127)	(-0.115)
地区固定效应	YES	YES	YES	YES	YES
时间固定效应	YES	YES	YES	YES	YES
样本量	439	439	439	439	439
R^2	0.244	0.032	0.064	0.358	0.107

注：*** 表示回归系数在 1% 的显著性水平下显著，括号内数据为 t 值。

由表 8-7 可知，列（1）和列（2）中，数字金融对民营企业技术创新投入的影响系数为 0.304 且在 1% 的水平下显著为正，对技术创新产出的回归系数为0.202，但并不显著，说明对安徽省样本而言，数字金融对民营企业技术创新投入有着显著的促进作用，对技术创新产出的促进作用并不明显。由列（3）可知，数字金融对民营企业风险承担的影响系数为－0.00950，但不显著。表明对安徽省样本而言，数字金融对民营企业风险承担的提升作用并不明显。此外，列（4）和列（5）中，风险承担对民营企业技术创新投入与技术创新产出的回归系数分别为4.163与1.229，但均不显著。

由此可以判断，对安徽省民营企业而言，数字金融难以通过提高民营企业风险承担水平驱动企业的技术创新投入与技术创新产出。究其原因，一方面，数字金融的发展会增强金融机构与民营企业之间的信贷关系，降低企业融资风险，进而有效提高其风险承担水平；另一方面，数字金融的发展也可能鼓励民营企业过度负债，甚至向不具备技术创新投资能力的民营企业提供资金，导致错误的资源配置，降低民营企业风险承担水平。同时，风险承担对民营企业技术创新的影响也并不显著，可能是因为安徽省金融市场发展相对滞后，民营企业创新由于资金限制，即使风险承担水平提高，也难以激励民营企业从事技术含量较高的高风险创新项目，这是一个值得关注的现象。

8.5 比较分析

为进一步深入分析上海市、江苏省、浙江省与安徽省各地区风险承担的中介效应值的差异，本研究基于"数字金融—风险承担—民营企业技术创新"的路径机制进行了 Sobel 中介效应检验。检验结果如表 8 – 8 所示。

表 8 – 8　　　　　风险承担机制的 Sobel 检验结果

项目	上海市		江苏省		浙江省		安徽省	
	Inop	*Inoo*	*Inop*	*Inoo*	*Inop*	*Inoo*	*Inop*	*Inoo*
	(1)	(2)	(3)	(4)	(5)	(6)	(7)	(8)
中介效应值	0.0094	0.0369	0.0197	0.0552	0.0166	0.0393	0.0027	0.0092
Sobel 值	0.2496	3.477	3.4279	4.8455	3.7613	3.6137	0.9553	1.058
p 值	0.8029	0.0000	0.0000	0.0000	0.0000	0.0000	0.3394	0.2901
控制变量	YES	YES	YES	YES	YES	YES	YES	YES
地区固定效应	YES	YES	YES	YES	YES	YES	YES	YES
时间固定效应	YES	YES	YES	YES	YES	YES	YES	YES
抽样次数	500	500	500	500	500	500	500	500
样本量	1232	1232	1937	1937	2438	2438	439	439
R^2	0.3117	0.1648	0.1578	0.0242	0.1985	0.0649	0.1286	0.0864

可以发现，Sobel 中介效应检验显示，上海市样本中，风险承担在民营企业技术创新投入与产出中的中介效应值为 0.0094 与 0.0369，在民营企业技术创新产出中的中介效应值在 1% 的水平下显著，但在民营企业技术创新投入中的中介效应值并不显著。在江苏省样本中，风险承担在民营企业技术创新投入与产出中的中介效应值为 0.0197 与 0.0552，中介效应值均在 1% 的水平下显著。在浙江省样本中，风险承担在民营企业技术创新投入与产出中的中介效应值为 0.0166 与

0.0393，中介效应值均在 1% 的水平下显著。在安徽省样本中，风险承担在民营企业技术创新投入与产出中的中介效应值为 0.0027 与 0.0092，中介效应值均不显著。

比较分析发现，风险承担的中介效应值在江苏省样本中最大，浙江省样本次之，之后是上海市样本，最小的是安徽省样本。对于安徽省风险承担中介驱动效应值最小可能的原因如下：安徽省民营企业除了存在风险承担水平较低，对高风险、高收益项目投资不足这一问题外，还受限于资金限制、人才限制等，因而，风险承担水平的提高难以有效激励安徽省的民营企业技术创新。创新投入与产出的对比分析发现，风险承担机制对民营企业技术创新产出的中介驱动效应更为明显，技术创新投入的中介驱动效应相对较小。产生这种结果的原因可能为数字金融提高企业风险承担水平时，会增加民营企业的冒险精神。相比较于进行低质量的技术创新，民营企业会更注重高质量的技术创新。因而，风险承担在民营企业技术创新产出中的中介驱动效应更为明显。

8.6　结论与讨论

本章基于风险承担视角，进一步探讨了数字金融影响民营企业技术创新的间接作用机制，得到了以下研究结论。

第一，运用逐步回归法实证检验了中介机制，结果显示，数字金融能通过提高民营企业风险承担水平间接驱动企业技术创新，有效验证了"数字金融—风险承担水平—民营企业技术创新"的传导路径，且这一结论在经过一系列检验后仍稳健。

第二，区域异质性分析结果显示在上海市样本中，显著存在"数字金融—风险承担—民营企业技术创新产出"的传导路径，但并不存在"数字金融—风险承担—民营企业技术创新投入"的传导路径；在江苏省的样本中，显著存在"数字金融—风险承担—民营企业技术创新"的传导路径；在浙江省样本中，显著存在数字金融驱动民营企业技术创新的风险承担机制；在安徽省样本中，数字金融难以通过提高企业风险承担水平驱动民营企业的技术创新投入与技术创新产出，风险承担中介驱动机制不成立。

第三，比较分析发现，民营企业技术创新投入与技术创新产出两方面，风险承担的中介驱动效应值均是在江苏省样本中最大，浙江省样本次之，之后是上海市样本，最小的是安徽省样本。

第9章 消费升级间接驱动效应

数字金融发展提高了金融服务的范围和能力，促进了需求增长与消费升级，而消费升级又推动了民营企业的技术创新活动。据此，本章重点研究消费升级在数字金融与民营企业技术创新之间的中介作用，运用 2011～2021 年长三角民营企业数据对假设关系与理论模型进行实证检验，以全面考察以消费升级为中介机制的数字金融对民营企业技术创新的驱动效应。

9.1 理论假设

数字金融对消费升级的影响可以归纳为如下四个方面：第一，根据收入理论，数字金融的发展提高了居民的理财收入水平，进而促进居民消费升级。第二，根据流动约束理论，数字金融扩大金融服务覆盖范围，使广大居民更容易获得信贷支持，能更好地规划未来消费。第三，根据预防性储蓄理论，数字金融发展降低了居民对未来的不确定性，进而居民会降低预防性储蓄，扩大消费规模，提高消费品质。第四，数字金融优化了支付环境，使得支付更为便利，进而活跃居民的消费行为，促进消费升级。

具体来看，从收入角度，依据消费理论可知，居民的消费由其收入水平决定。数字金融将从以下几个方面提高居民收入水平。第一，数字金融作为一种金融创新，其提高了金融服务业的服务质量，同时还能通过技术溢出对其他行业产生正向促进作用。数字金融的发展带来了经济增长速度的提高，而已有研究显示居民收入的增长与经济增速基本保持一致。因而，数字金融提升了经济增长质量，正向促进居民收入水平的提升，进而促进居民消费结构的优化。第二，数字金融降低了基金与创新型理财的进入与交易成本，使得居民能通过购买优质金融理财，较好地管控风险，获取更高的投资收益。额外的理财收入转化为居民的消费，优化居民消费结构。第三，数字金融还能促进创新创业，提升居民创业可能性与成功率，提高其家庭收入水平，进而优化居民消费结构。

从流动性约束角度，根据流动性约束理论，当消费者不能通过负债进行消费时，必然会扭曲消费者的消费行为。数字金融将从以下几方面缓解居民流动性约束，促进消费升级。一方面，数字金融的发展扩大了传统金融机构的竞争性供给，金融机构会利用数字技术扩大对居民的信贷供给，对居民消费结构升级起到积极作用。另一方面，新一代信息技术的应用，使金融机构能够基于庞大的数据对客户信用状况进行深入的评估，进而能将一部分长尾客户纳入服务范围，扩大了消费信贷的普及面，有效缓解居民面对的信贷约束，促进居民消费结构升级。

从预防性储蓄角度，根据预防性储蓄理论可以发现，家庭的消费结构受到不确定影响，为预防未来的不确定性，居民会扭曲消费结构，减少消费。数字金融将从以下两方面降低居民面临的不确定性，优化居民的消费结构。数字金融丰富了居民的理财方式，多样化的理财产品使得居民有着更多的财富持有方式，通过投资组合方式，有效降低与分散居民投资风险，一定程度上降低了居民面临的不确定性。同时，数字保险作为数字金融的重要环节，其发展完善了现有保险产品与保险的服务体系。线上保险模式能较好地满足居民对各种保险服务的需求。数字保险提升了居民对保险的购买需求。随着保险密度的提升，居民对未来的不确定性降低，对消费也会产生更高的需求。

从支付环境角度，数字金融对支付环境的优化主要体现在以下两方面。一方面，数字金融使得居民消费与支付方式变得更为高效与便捷，重塑了居民的支付习惯、生活方式与消费方式，进而优化居民消费结构。另一方面，数字金融的发展会使得移动支付现象更为普遍。移动支付相比较于传统支付，其节约了消费者非消费时间成本，降低了居民线上购买的搜索成本，降低了居民持有现金纸币的成本，还降低了居民消费时心理账户支出过程中的心理失落感。总之，数字金融优化了支付环境，促进了居民消费，优化了居民消费结构。

已有研究表明，消费者需求规模与需求质量的提升是企业产品升级与价值链提升的重要影响因素。而民营企业作为我国经济发展的重要力量，相比较于国有企业更为活跃，更具创新活力，更需以市场需求为依托，借助技术创新，向价值链高端迈进。

消费升级，一方面会对市场产品需求量产生影响，进而为民营企业新产品研发、升级与市场化提供市场基础。民营企业的技术创新，无论是生产流程的改善、新产品的研发还是高效率生产要素利用率，最后都要变成最终产品，落实到需求端。随着居民的消费升级，其对新型产品的需求规模也会不断扩大，规模扩大会使得民营企业面临竞争更为激烈的市场，为获得更多的利润，民营企业会不断进行技术创新以提升生产率水平与产品竞争力。

另一方面，消费升级还会导致市场需求质量变化，为民营企业技术创新提供动力。随着消费者对产品层次与产品质量的需求提升，根据"需求引致创新"理论，需求端的变革与层次提升是企业进行技术创新以获取额外利润的重要动力。在竞争日益激烈的市场中，民营企业为维护自身的竞争力，避免自己在市场角逐中被淘汰，不得不将更多的财力、物力、人力投入技术创新过程。技术创新能研发出新的产品，短期内形成自己的核心竞争力，也能提升民营企业自身生产率，确立竞争优势。因而，消费升级会不断推动民营企业进行持续的技术创新活动，提升民营企业技术创新能力。

由此提出理论假设 H4：数字金融通过促进消费升级驱动民营企业技术创新。

9.2 研究设计与数据来源

9.2.1 模型设定

为了进一步探究数字金融能否通过促进消费升级驱动民营企业技术创新，本研究构建如下模型进行识别检验。

$$Ino_{i,t} = \alpha_0 + \alpha_1 Dfi_{i,t} + \alpha_2 X_{i,t} + \delta_i + \varphi_t + \mu_{i,t} \quad (9-1)$$

$$Conu_{i,t} = \beta_0 + \beta_1 Dfi_{i,t} + \beta_2 X_{i,t} + \delta_i + \varphi_t + \mu_{i,t} \quad (9-2)$$

$$Ino_{i,t} = \gamma_0 + \gamma_1 Conu_{i,t} + \gamma_2 Dfi_{i,t} + \gamma_3 X_{i,t} + \delta_i + \varphi_t + \mu_{i,t}$$

$$(9-3)$$

其中，$Conu_{i,t}$ 为中介变量消费升级，模型（9-1）中的系数 α_1 测度数字金融影响民营企业技术创新的总驱动效应，模型（9-2）中系数 β_1 表示数字金融对中介变量 $Conu_{i,t}$ 影响的大小，模型（9-3）中系数 γ_2 表示数字金融对民营企业技术创新的直接驱动效应，模型（9-3）中的系数 γ_1 与模型（9-2）中系数 β_1 的乘积表示数字金融通过促进消费升级影响民营企业技术创新的中介驱动效应。

9.2.2　变量设定

　　学术界对消费升级的定义和衡量方法尚未统一。因发展型与享受型的消费比重增加被认为是消费升级的表现，比较常见的方法是将消费者的需求层次分为生存型、发展型和享受型三大类型，用后两种类型的消费占总消费支出比重来衡量消费升级。也有部分学者根据自己的研究需要，对消费升级有着不同的测度方法，如以家庭工业消费品支出与农业消费品支出的占比（康金红，2021）、全国的电影院票房（方福前，2009）、零售品消费总额等表示（胡汉辉，2022）。但本研究是基于企业微观层面对消费升级进行实证研究，上述指标不适合本研究的需要。还有部分学者用企业职工人均 GDP（姚战琪，2021）、企业出口复杂度（许治，2013）等测度消费升级，本研究借鉴谢雪燕等（2021）的做法，采用企业营业收入的自然对数衡量消费升级。其内在逻辑为，当数字金融推进消费者消费结构的升级与多样性，居民会提高对企业产品的购买，进而提高企业的销售收入，即可以企业的销售收入这一显变量间接表征居民消费升级。消费升级机制变量的数据来源于国泰安与 Wind 数据库。

9.3 实证分析

9.3.1 间接效应

本研究通过验证数字金融发展对居民消费升级的影响，以及消费升级对民营企业技术创新的影响，以分析数字金融通过促进消费升级进而提高企业技术创新水平的间接驱动机制。

数字金融对长三角民营企业技术创新的消费升级间接驱动机制检验结果如表 9-1 所示，其中，列（1）为数字金融对民营企业技术创新投入的基准回归模型，列（2）为数字金融对民营企业创新产出的基准回归模型。列（3）为数字金融对消费升级指数的回归模型，列（4）为将消费升级指数引入技术创新投入基准回归模型的回归结果，列（5）为将消费升级指数引入技术创新产出基准回归模型的回归结果。

表 9-1　　　　数字金融驱动民营企业技术创新的
消费升级中介机制检验

项目	*Inop*	*Inoo*	*Conu*	*Inop* × *Conu*	*Inoo* × *Conu*
	（1）	（2）	（3）	（4）	（5）
Dfi	0.0493 *** （10.391）	0.0200 *** （4.542）	0.221 *** （6.589）	0.0366 （0.630）	-0.0107 （-0.164）

项目	*Inop*	*Inoo*	*Conu*	*Inop* × *Conu*	*Inoo* × *Conu*
	（1）	（2）	（3）	（4）	（5）
Conu				0.471*** (9.073)	0.0438* (1.764)
控制变量	YES	YES	YES	YES	YES
常数项	−2.857*** （−3.402）	1.950*** （3.041）	2.977*** （9.255）	−3.773*** （−4.492）	1.791*** （2.765）
地区固定效应	YES	YES	YES	YES	YES
时间固定效应	YES	YES	YES	YES	YES
样本量	6046	6046	6046	6046	6046
R^2	0.270	0.197	0.590	0.281	0.208

注：*** 和 * 分别表示回归系数在 1% 和 10% 的显著性水平下显著，括号内数据为 t 值。

我们从表 9 – 1 的列（1）的回归结果可以发现，数字金融对民营企业技术创新投入的回归系数为 0.0493，且在 1% 的水平下显著为正。由列（2）的回归结果可以发现，数字金融对民营企业技术创新产出的回归系数为 0.0200，且在 1% 的水平下显著为正。由此可知，无论是从技术创新投入还是产出角度，数字金融对民营企业技术创新的总效应都是显著为正的，中介效应检验的第一步得到满足，可以继续进一步的中介效应分析。

接下来考察数字金融对消费升级的影响，由表 9 – 1 的列（3）可知，数字金融对消费升级指数的回归结果为 0.221，且在 1% 的水平下显著为正，由此可知，数字金融的发展能进一步推进消费扩容与多元化，促进消费升级。中介效应的第二步得到满足。进一步考察中介效应的第三步，即同时将消费升级指数与数字金融指数纳入回归模型，考察两者对民营企业技术创新的影响。由列（4）的回归结果可知，消费升级对民营企业技术创新投入的影响系数为 0.471，且在 1% 的水平上显著为正。由列（5）的回归结果可知，消费升级对民营企业技术创新产出的影响系数为 0.0438，且在 10% 的水平下显著为正。由此可知，无论是从创新投入还是创新产出角度，消费升级都能从需求端正向激励企业进行技术创新以满足消费者，对企业技术创新起到正向驱动作用，中介效应的第三步也得到了满足。

综上可以判断，数字金融能够促进消费升级，进而对民营企业技术创新产生推动作用，即数字金融驱动民营企业技术创新的过程中，来自消费升级的中介效应显著。此外，在加入消费升级指数后，无论是基于技术创新投入还是技术创新产出角度，数字金融对民营企业技术创新影响的系数与显著性都有明显的降低，其中，数字金融对民营企业技术创新产出的系数甚至转变为不显著的负数，这些结果进一步证实了数字金融不但可以直接驱动民营企业技术创新，还能通过推动消费升级，间接提高民营企业技术创新水平，验证了"数字金融—消费升级—民营企业技术创新"的传导路径。综上所述，假设 H4 得到证实。

9.3.2 稳健性检验

本研究还采用两类方法进行稳健性检验，以提高理论假设验证的有效性与可靠性。

在双向固定效应模型中加入"地区×时间"的高阶联合固定效应，回归结果如表 9－2 所示。

表 9－2 高阶联合固定稳健性检验

项目	$Inop$	$Inoo$	$Conu$	$Inop \times Conu$	$Inoo \times Conu$
	（1）	（2）	（3）	（4）	（5）
Dfi	0.170 *** (4.436)	0.0986 * (1.726)	0.583 ** (2.189)	0.170 (0.351)	－0.0986 （－0.279）
$Conu$				0.0222 *** (4.436)	0.00850 *** (3.227)
控制变量	YES	YES	YES	YES	YES
常数项	－3.001 （－1.261）	2.197 (1.249)	7.035 *** (5.381)	－3.001 （－1.261）	2.197 (1.249)
地区固定效应	YES	YES	YES	YES	YES
时间固定效应	YES	YES	YES	YES	YES
地区固定效应× 时间固定效应	YES	YES	YES	YES	YES
样本量	6046	6046	6046	6046	6046
R^2	0.371	0.213	0.178	0.382	0.251

注： *** 、 ** 和 * 分别表示回归系数在 1% 、5% 和 10% 的显著性水平下显著，括号内数据为 t 值。

表 9－2 中，列（1）和列（2）分别为数字金融对民营企业技术创新投入与技术创新产出的基准回归结果，列（3）为

数字金融对消费升级的回归结果，列（4）和列（5）分别为在列（1）和列（2）的基准回归中进一步纳入消费升级指数后的回归结果。可以发现，数字金融对民营企业技术创新投入与产出的回归系数均在至少10%的水平下显著为正，对消费升级的影响系数在5%的水平下显著为正。在同时纳入数字金融与消费升级后，消费升级对民营企业技术创新投入与产出的回归系数均在1%的水平下显著为正。由此可知，消费升级的间接驱动效应存在，本研究理论假设 H4 仍成立。

接着，将解释变量滞后一期，回归结果如表9-3所示。

表9-3　　　　　　　　解释变量滞后一期稳健性检验

项目	*Inop*	*Inoo*	*Conu*	*Inop* × *Conu*	*Inoo* × *Conu*
	（1）	（2）	（3）	（4）	（5）
L. Dfi	0.0948***	0.0601*	0.307*	-0.576	-0.549
	(3.799)	(1.933)	(1.826)	(-1.169)	(-1.491)
Conu				0.0228***	0.00433*
				(4.587)	(1.751)
控制变量	YES	YES	YES	YES	YES
常数项	-3.235***	2.444***	7.127***	-1.880	4.753**
	(-3.523)	(3.386)	(5.343)	(-0.746)	(2.497)
地区固定效应	YES	YES	YES	YES	YES
时间固定效应	YES	YES	YES	YES	YES
样本量	5589	5079	5589	5589	5079
R^2	0.255	0.106	0.186	0.257	0.112

注：***、**和*分别表示回归系数在1%、5%和10%的显著性水平下显著，括号内数据为 t 值。

表 9 - 3 中，列（1）和列（2）分别为数字金融对民营企业技术创新投入与技术创新产出的基准回归结果，列（3）为数字金融对消费升级的回归结果，列（4）和列（5）分别为在列（1）和列（2）的基准回归中进一步纳入消费升级指数后的回归结果。可以发现，在数字金融变量滞后一期后，数字金融对民营企业技术创新投入与产出的回归系数均在至少 10% 的水平下显著为正，对消费升级的影响系数在 10% 的水平下显著为正。在同时纳入数字金融与消费升级后，消费升级对民营企业技术创新投入与产出的回归系数均在至少 10% 的水平下显著为正。由此可知，数字金融变量滞后一期后，消费升级仍在数字金融促进民营企业技术创新的过程中起到了间接驱动作用，理论假设 H4 进一步得到证实。

9.4　区域异质性分析

9.4.1　上海市

表 9 - 4 为上海市样本中数字金融驱动民营企业技术创新的消费升级中介机制的检验结果。列（1）为数字金融对民营企业技术创新投入的基准回归模型，列（2）为数字金融对民营企业技术创新产出的基准回归模型，列（3）为数字金融对消费升级的回归模型，列（4）为将消费升级引入技术创新投入基准回归模型的回归结果，列（5）为将消费升级引入技术

创新产出基准回归模型的回归结果。

表9－4　　　　上海市数字金融驱动民营企业技术创新的
消费升级中介机制检验

项目	Inop	Inoo	Conu	Inop × Conu	Inoo × Conu
	(1)	(2)	(3)	(4)	(5)
Dfi	0.249*** (2.737)	0.199*** (3.603)	0.356 (0.663)	0.216** (2.459)	0.202 (1.622)
Conu				0.392*** (8.617)	0.00805*** (5.313)
控制变量	YES	YES	YES	YES	YES
常数项	6.941*** (5.703)	−1.805** (−2.040)	1.101 (0.920)	6.941*** (5.703)	−1.805** (−2.040)
地区固定效应	YES	YES	YES	YES	YES
时间固定效应	YES	YES	YES	YES	YES
样本量	1232	1232	1232	1232	1232
R^2	0.279	0.668	0.026	0.287	0.693

注：***、**分别表示回归系数在1%、5%的显著性水平下显著，括号内数据为 t 值。

由表9－4可知，列（1）中，数字金融对民营企业技术创新投入的回归系数为0.249，且在1%的水平下显著为正；列（2）中，数字金融对民营企业技术创新产出的回归系数为0.199，且在1%的水平下显著为正。说明在上海市样本中，无论是从技术创新投入还是产出角度，数字金融对民营企业技术创新均存在显著的正向促进作用。列（3）中，数字金融对消费升级的影响系数为0.356，但并不显著。说明在上海市样本中，数字金融对居民消费升级的驱动作用有限。究其原因是，上海市本身经济较为发达，居民生活水平相对较高。同时，作为传统金融较为发达的省份，上海市居民获取金融服务的成本相对较低，受信贷约束的程度也相对较低，因而，数字金融的普惠效应在上海市难以得到充分发挥，其对居民消费升级的促进作用也相对有限。

表 9-4 的列 (4) 中，消费升级对民营企业技术创新投入的回归系数为 0.392，且在 1% 的水平下显著为正；列 (5) 中，消费升级对民营企业技术创新产出的回归系数为 0.00805，且在 1% 的水平下显著为正。说明在上海市样本中，消费升级对民营企业技术创新投入与产出均具有较强的促进作用。居民消费升级引致的市场需求的多样化、个性化与高质量化，在市场整体上表现为市场需求的质量与多样化水平不断提高，进而为民营企业的创新发展提供了动力。

可见，中介效应检验结果显示，上海市样本中不存在"数字金融—消费升级—民营企业技术创新产出"的传导路径，同样也不存在"数字金融—消费升级—民营企业技术创新投入"的传导路径。

9.4.2　江苏省

表 9-5 展示了江苏省样本中数字金融驱动民营企业技术创新消费升级中介机制的检验结果，其中，列 (1) 为数字金融对民营企业技术创新投入的回归结果，列 (2) 为数字金融对民营企业技术创新产出的回归结果，列 (3) 为数字金融对

消费升级的回归结果，列（4）为将消费升级引入技术创新投入基准回归模型的回归结果，列（5）为将消费升级引入技术创新产出基准回归模型（2）的回归结果。

表9-5　　　　　　江苏省数字金融驱动民营企业技术

创新的消费升级机制检验

项目	*Inop*	*Inoo*	*Conu*	*Inop* × *Conu*	*Inoo* × *Conu*
	(1)	(2)	(3)	(4)	(5)
Dfi	0.171*** (3.939)	0.0921** (2.303)	0.172** (2.321)	0.361 (0.719)	-0.190 (-0.768)
Conu				0.470*** (3.431)	0.0733*** (3.427)
控制变量	YES	YES	YES	YES	YES
常数项	-3.772** (-2.259)	0.999 (0.838)	-1.968*** (-2.749)	-11.76*** (-2.626)	-0.199 (-0.0819)
地区固定效应	YES	YES	YES	YES	YES
时间固定效应	YES	YES	YES	YES	YES
样本量	1937	1937	1937	1937	1937
R^2	0.223	0.004	0.848	0.248	0.032

注：***、** 分别表示回归系数在1%、5%的显著性水平下显著，括号内数据为 t 值。

由表9-5的列（1）和列（2）可知，江苏省样本中，数字金融对民营企业技术创新投入的影响系数为0.171，且系数在1%的水平下显著为正，数字金融对民营企业技术创新产出的影响系数为0.0921，且在5%的水平下显著为正，说明在江苏省样本中，数字金融对民营企业的技术创新，无论是投入还是产出，均存在显著的正向促进作用。逐步检验法的第一步得到满足，可以进行进一步的中介效应检验。列（3）中，数字金融对消费升级的影响系数为 0.172，且在 5% 的水平下显著为正。说明在江苏省样本中，随着数字金融发展水平的提高，消费者的需求越发多元化与高质量化，即数字金融能显著促进居民的消费升级。中介效应的第二步得到满足。列（4）中，消费升级对民营企业技术创新投入的回归系数为 0.470，并且在 1% 的水平下显著为正；列（5）中，消费升级对民营企业技术创新产出的回归系数为 0.0733，同时也在 1% 的水平下显著为正。由此可知，在江苏省样本中消费升级对民营企业技术创新投入与产出均具有较强的促进作用，中介效应检验的第三步得到满足。

可见，中介效应检验结果显示，在江苏省样本中，数字金融不但可以直接对民营企业技术创新投入与产出产生显著的促进作用，还能通过促进消费升级，从需求端驱动企业进行技术创新生产多样化的高质量产品，进而间接促进民营企业技术创新。

综上所述，江苏省样本中同时存在"数字金融—消费升级—民营企业技术创新投入"与"数字金融—消费升级—民营企业技术创新产出"的传导路径。因此，江苏省样本中，消费升级在数字金融驱动民营企业技术创新过程中的中介效应成立。

9.4.3 浙江省

表 9-6 展示了浙江省样本中数字金融驱动民营企业技术创新消费升级中介变量的检验结果。

表 9-6 浙江省数字金融驱动民营企业技术
创新的消费升级机制检验

项目	Inop	Inoo	Conu	Inop × Conu	Inoo × Conu
	（1）	（2）	（3）	（4）	（5）
Dfi	0. 148 *** (3. 213)	0. 0653 ** (2. 104)	0. 217 *** (5. 989)	− 0. 0352 （− 0. 252）	− 0. 0354 （− 0. 319）
Conu				0. 516 *** (6. 701)	0. 154 ** (2. 394)
控制变量	YES	YES	YES	YES	YES
常数项	− 1. 836 （− 1. 484）	3. 905 *** (3. 472)	3. 215 *** (9. 167)	− 3. 423 *** （− 2. 743）	3. 331 *** (2. 900)
地区固定效应	YES	YES	YES	YES	YES
时间固定效应	YES	YES	YES	YES	YES
样本量	2438	2438	2438	2438	2438
R^2	0. 292	0. 012	0. 783	0. 306	0. 015

注：*** 、** 分别表示回归系数在 1% 、5% 的显著性水平下显著，括号内数据为 t 值。

表 9-6 中，列（1）为数字金融对民营企业技术创新投入的回归结果，回归结果显示，数字金融对民营企业技术创

新投入的影响系数为 0.148，且系数在 1% 的水平下显著为正。列（2）为数字金融对民营企业技术创新产出的回归结果，回归结果显示，数字金融对民营企业技术创新投入的影响系数为 0.0653，且系数在 5% 的水平下显著为正。以上结果说明，在浙江省样本中，数字金融对民营企业的技术创新，无论是投入还是产出，均存在显著的正向促进作用。逐步检验法的第一步得到满足，可以进行进一步的中介效应检验。中介效应检验的第二步结果如列（3）所示，检验了数字金融对消费升级指数的影响。回归结果显示，数字金融对消费升级的影响系数为 0.217，且在 1% 的水平下显著为正。说明在浙江省样本中，随着数字金融发展水平的提高，消费者对企业产品的生产与多样化提出了更高的要求，即数字金融能对居民的消费升级产生显著的促进作用。中介效应的第二步得到满足。中介效应检验的第三步结果如列（4）和列（5）所示，检验了数字金融与消费升级指数两者同时列入方程时对民营企业技术创新投入与产出的影响。回归结果显示，消费升级对民营企业技术创新投入的影响系数为 0.516，且在 1% 的水平下显著为正，对民营企业技术创新产出的影响系数为 0.154，且在 5% 的水平下显著为正。由此可知，在浙江省样本中，消费升级对民营企业技术创新投入与产出均具有较强的促进作用。

中介效应检验结果显示，在浙江省样本中，数字金融不但可以直接对民营企业技术创新投入与产出产生显著的促进作用，还可以通过促进消费升级间接提升民营企业技术创新投入与产出水平。此外，列（4）和列（5）的回归结果中，在加入消费升级中介变量后，数字金融对民营企业技术创新投入的影响系数变为 - 0.0352，但不显著；对民营企业技术创新产出的影响系数变为 - 0.0354，也不显著。可见，在加入消费升级变量后，数字金融的回归系数无论是系数绝对值上还是显著性水平上都有着明显的下降，这一回归结果进一步验证了浙江省样本中消费升级在数字金融影响民营企业技术创新水平过程中的中介作用。

综上所述，浙江省样本中同时存在"数字金融—消费升级—民营企业技术创新投入"与"数字金融—消费升级—民营企业技术创新产出"的传导路径。因此，在浙江省样本中，消费升级在数字金融驱动民营企业技术创新过程中的间接驱动效应成立。

9.4.4 安徽省

表9-7为安徽省样本数字金融驱动民营企业技术创新的消费升级中介机制检验结果，列（1）为数字金融对企业技术创新投入的基准回归模型，列（2）为数字金融对企业技术创新产出的基准回归模型，列（3）为数字金融对消费升级的回归模型，列（4）为将消费升级引入技术创新投入基准回归模型的回归结果，列（5）为将消费升级引入技术创新产出基准回归模型的回归结果。

表 9 - 7   **安徽省数字金融驱动民营企业技术**
创新的消费升级机制检验

项目	*Inop*	*Inoo*	*Conu*	*Inop* × *Conu*	*Inoo* × *Conu*
	（1）	（2）	（3）	（4）	（5）
Dfi	0.304*** (5.624)	0.202 (1.062)	0.172** (2.321)	0.361 (0.719)	-0.190 (-0.768)
Conu				0.470 (1.431)	0.0733 (0.427)
控制变量	YES	YES	YES	YES	YES
常数项	-12.72*** (-2.869)	-0.288 (-0.119)	-1.968*** (-2.749)	-11.76*** (-2.626)	-0.199 (-0.0819)
地区固定效应	YES	YES	YES	YES	YES
时间固定效应	YES	YES	YES	YES	YES
样本量	439	439	439	439	439
R^2	0.244	0.032	0.848	0.248	0.037

注： ***、** 分别表示回归系数在 1%、5% 的显著性水平下显著，括号内数据为 t 值。

由表 9 - 7 的列（1）可知，安徽省样本中，数字金融对企业技术创新投入的影响系数为 0.304 且在 1% 的水平下显著为正。由列（2）可知，数字金融对技术创新产出的回归系数为 0.202，但并不显著，可见对安徽省样本而言，数字金融对企业技术创新投入有着显著的促进作用，对技术创新产出的促进作用并不明显。由列（3）可知，数字金融对消费升级的影响系数为 0.172，且在 5% 的水平下显著。表明对安徽省样本而言，数字金融能够显著促进消费升级。对于安徽省而言，其经济相对于上海、江苏、浙江等地区较为落后，金融体系改革也相对滞后，因而，一般家庭面临的信贷约束程度也相对较高。数字金融提高家庭金融服务可得性，有效缓解家庭流动性约束，释放居民的消费潜力，促进居民消费水平进一步提升。此外，列（4）中，消费升级对民营企业技术创新投入的回归系数为0.470，但不显著；列（5）中，消费升级对民营企业技术创新投入的回归系数为0.0733，也并不显著。由此可知，对安徽省民营企业而言，消费升级难以提高企业技术创新投入与技术创新产出水平。

可见，消费升级在安徽省并没有效转化为企业技术创新的动力，可能是因为企业技术创新受制于创新环境，当创新环境相对滞后时，企业面对不断升级的居民消费可能更倾向于技术引进，缺乏从事技术含量较高的自主创新活动的动力。因而，消费升级对民营企业技术创新水平的影响并不显著。

综上所述，在安徽省的样本中，并不存在"数字金融—消费升级—民营企业技术创新"的传导路径。

9.5　比较分析

为进一步深入分析上海市、江苏省、浙江省与安徽省各地区消费升级中介效应值的差异，本研究基于"数字金融—消费升级—民营企业技术创新"机制进行了Sobel中介效应检验，检验结果如表9-8所示。

表 9 - 8　　　　　消费升级机制的 Sobel 检验结果

项目	上海市		江苏省		浙江省		安徽省	
	Inop	*Inoo*	*Inop*	*Inoo*	*Inop*	*Inoo*	*Inop*	*Inoo*
	(1)	(2)	(3)	(4)	(5)	(6)	(7)	(8)
中介效应值	0.0022	0.0140	0.1847	0.2410	0.0247	0.0491	0.0087	0.0097
Sobel 值	0.8211	0.8435	4.814	3.607	5.248	1.905	0.8677	1.586
p 值	0.4116	0.3990	0.000	0.0003	0.000	0.0568	0.3855	0.1018
控制变量	YES	YES	YES	YES	YES	YES	YES	YES
地区固定效应	YES	YES	YES	YES	YES	YES	YES	YES
时间固定效应	YES	YES	YES	YES	YES	YES	YES	YES
抽样次数	500	500	500	500	500	500	500	500
样本量	1232	1232	1937	1937	2438	2438	439	439
R^2	0.3100	0.1382	0.3140	0.0380	0.3793	0.0526	0.2761	0.0651

表 9 - 8 中 Sobel 中介效应检验结果显示，上海市样本中，消费升级在民营企业技术创新投入与产出中的中介效应值为 0.0022 与 0.0140，但中介效应值均不显著。在江苏省样本中，消费升级在民营企业技术创新投入与产出中的中介效应值为 0.1847 与 0.2410，中介效应值均在 1% 的水平下显著。在浙江省样本中，消费升级束在民营企业技术创新投入与产出中的中介效应值为 0.0247 与 0.0491，中介效应值均在至少 10% 的水平下显著。在安徽省样本中，消费升级在民营企业技术创新投入与产出中的中介效应值为 0.0087 与 0.0097，但中介效应值均不显著。

比较分析发现，消费升级在技术创新投入上中介效应值排名为"江苏省 > 浙江省 > 安徽省 > 上海市",消费升级在技术创新产出上中介效应值排名为"江苏省 > 浙江省 > 上海市 > 安徽省"。其中,上海市与安徽省无论是民营企业技术创新投入还是民营企业技术创新产出角度,消费升级的中介效应值均偏低,但两者出现这一现象的深层次原因可能存在差异性。其中,安徽省可能是因为民营企业技术创新动力缺乏,导致数字金融推动的需求升级难以有效转化为供给层面的升级。上海市可能是因为上海市本身经济较为发达,居民生活水平相对较高,数字金融对消费升级的促进作用有限。创新投入与创新产出的对比分析发现,所有地区均是消费升级机制对民营企业技术创新投入的作用较小,对民营企业技术创新产出的作用相对较大。这一现象表明,单纯的策略式创新难以有效满足消费者需求升级,只有企业进行更多高质量的创新,生产更多的新产品等才能有效满足消费者需求升级。因而,消费升级机制在民营企业技术创新产出上的中介效应值相对较大。

9.6 分析与讨论

本章以消费升级为中间变量,探讨了其在数字金融驱动民营企业技术创新中的间接作用机制,得到了以下结论。

第一,运用逐步回归法实证检验了中介机制,结果显示数字金融能通过促进消费升级,间接提高企业技术创新水平,验证了"数字金融—消费—民营企业技术创新"的传导路径，这一结论在经过一系列稳健性检验后仍成立。

第二，区域异质性分析结果显示，在上海市样本中不存在"数字金融—消费升级—民营企业技术创新"的传导路径；在江苏省样本中存在"数字金融—消费升级—民营企业技术创新"的传导路径；在浙江省样本存在"数字金融—消费升级—民营企业技术创新"的传导路径；在安徽省的样本中不存在"数字金融—消费升级—民营企业技术创新"的传导路径。

第三，对各地区的中介效应值比较分析后发现，消费升级在技术创新投入上中介效应值排名为"江苏省＞浙江省＞安徽省＞上海市"，消费升级在技术创新产出上中介效应值排名为"江苏省＞浙江省＞上海市＞安徽省"。

第 10 章　提升长三角数字金融创新驱动效应的政策建议

数字金融作为高效低成本的新金融服务模式，有力促进了民营企业技术创新水平。在前面章节分析的基础上，本章从构建现代数字金融体系、优化民营企业创新环境、推进金融与科技深度融合、加强数字金融监管、培育数据和人才要素以及实施差异化区域政策等方面提出提升长三角数字金融创新驱动效应的相关政策思考和建议。

10.1　构建现代数字金融体系

数字金融是项长期、复杂的系统性工程，其关系国计民生、经济社会稳定，涉及企业、金融机构、政府、金融科技公司等多个主体，需要金融、产业等多种政策支持。数字金融发展必须要加强顶层设计、统筹规划，实现系统推进。国务院于 2015 年公开发布《推进普惠金融发展规划》，提出要鼓励金融机构发展数字金融业务，借助现代信息技术手段，实现数字金融业务的纵深发展。之后，我国各地各金融部门与金融机构积极探索实践，打造互联网金融服务平台，创新数字金融服务模式，数字金融发展取得一定成效。

长三角地区应加强对数字金融战略规划、配套政策和具体措施等的顶层设计，总结数字金融发展规律，根据其发展的特点和趋势，制定相应的数字金融发展规划，提升数字金融发展质效。还应深化数字金融的供给侧结构性改革，提高数字金融服务供给的创造性、主动性与适配性，构建起竞争力、包容性与适应性的现代数字金融体系。

长三角地区各级政府部门应从金融的基本功能出发，构建现代数字金融体系。降低传统金融的服务门槛，满足"长尾"市场的中小民营企业创新融资需求，拓宽传统金融服务范围，为数字金融驱动民营企业技术创新奠定更为坚实的基础。同时，还要充分利用新一代信息技术的智慧、效率与普惠特性，积极推动金融与民营企业的高效、精准对接，从而进一步降低民营企业技术创新融资成本，拓宽民营企业融资渠道，充分发挥数字金融民营企业技术创新的驱动作用。

10.2　优化民营企业创新环境

政府应加强民营企业技术创新的主体地位，避免对民营企业技术创新的过度干预。政府作为公共产品的供给者，在推进民营企业技术创新过程中，要扮演好守夜人的角色，要制定有效激励民营企业技术创新的制度体系，确保民营企业公平竞争，降低民营企业交易成本，为民营企业技术创新提供良好的外部制度环境。

长三角地区各级政府应推进市场化体制改革，建立公正有效的法律体系促进我国民营企业技术创新。首先，应加强社会科普体系建设，培养与组织高水平科普创意团队，加大对科普基础设施规划建设的投入，普及科学知识，疏通科技传播渠道，健全机构、人员、站点等基础科普组织，培养企业家创新意识。其次，在营造创新氛围方面，各级政府应让"大众创业，万众创新"遍布各个角落，通过营造科技创新的文化氛围，让每个人都能从世界观的角度认识科技创新，从价值观的角度接受科技创新，营造开放包容的创新氛围，以激发民营企业创新活力。

长三角地区各级政府要完善知识产权保护体制，通过知识产权司法保护，为民营企业技术创新能力提供保障。保护知识产权就是保护创新，各级政府应加强知识产权全链条保护，协调知识产权保护、公平竞争、反垄断审查等工作，提高产权保护工作法治化水平，促进创新要素有序流动、高效配置。要进一步加强知识产权保护宣传，通过扩大宣传范围、创新知识产权保护宣传方式和手段等，培养与增强公众的知识产权保护意识。此外，还应完善知识产权执法和管理机制，以解决知识产权执法不足的问题。充分重视创新成果的产权问题，加强知识产权保护制度建设，营造有利于民营企业知识创造的社会环境，保障民营企业技术创新能力不断提升。

长三角地区各级政府部门和科技公共服务平台要为民营企业技术创新提供全面、功能性的落地服务，主要包括"高新技术企业"和"双软企业"的认定，民营企业创新过程中的研发、测试、成果推广、专利转让等过程的保姆式服务。增加创业孵化器、加速器和产业服务机构数量，降低民营企业创新门槛，推动民营企业多层次、多元化吸收创新资源。大力发展战略性新兴科技企业，帮助其拓展市场，为未来一些有发展前景的高科技产品寻找合适的应用市场。还应加强对民营企业技术创新的创新补贴，拓宽其融资渠道。政府有关部门要鼓励和引导金融机构、风险投资机构支持和投资未来发展前景好的项目，加大金融机构与风险投资机构对创新型民营企业的支持力度。还应建立健全民营企业的信用担保体系和风险投资体系，扩宽、多元化民营企业的融资渠道，更好地满足不同类型民营企业技术创新的融资需求。政府应制定自主创新的激励政策，无论是国家还是地方政府，都应积极加大力度，确保税收优惠政策的落实。

长三角各级政府应建立与完善科技中介服务体系。科技中介服务机构可以为民营企业提供专业化、社会化的知识服务，有效促进技术成果商品化，对提升民营企业自主创新能力具有重要作用。要加强对科技中介服务机构发展的支持和管理，认真审查科技中介服务发展的现行法律法规，放宽市场准入条件。要整合科技中介服务资源，通过对科技中介服务业进行全面系统的评估，明确行业业务构成、人员素质，运用市场手段整合资源，形成一批具有较强竞争力的科技中介服务机构，为民营企业技术创新服务。

10.3　推进金融与科技深度融合

按照"普惠民生、安全可控、开放共赢"的原则，推进人工智能、云计算、大数据等新一代数字技术与传统金融的深度融合发展，实现金融服务的智能化、多元化、精细化、场景化发展。传统金融机构应顺应技术发展趋势，利用现代数字技术推动金融服务创新和改革，提高服务效率，增强用户体验。

金融机构应利用数字化工具打造金融生态场景，创新金融产品，准确识别客户的金融需求，提高数字金融服务匹配度与满意度；并运用数字技术拓展数字服务渠道，开发在线金融产品，拓展数字金融服务的广度与深度；还应综合运用大数据风控技术、云计算等数字技术整合与挖掘内外部数据，有效降低数字金融风险，提高金融安全性。与此同时，政府要顺应金融发展规律，稳步推进数字金融企业发展，激发新型数字金融机构开展金融产品创新、流程创新与商业模式创新动力，充分发挥数字金融机构的数字技术优势，进而实现数字金融风险管理的智能化、服务流程的人性化、服务对象的精准化以及服务供给的多层次化。

在守住风险底线的基本原则下，长三角地区各级政府应把握科技发展趋势，对科技与金融深度融合给予政策支持，鼓励金融行业在传统金融领域积极尝试服务模式创新、金融产品创新和金融场景创新，鼓励数字金融行业突破当前"数据孤岛"困境，积极促进信息的有效流动，以提升数字金融服务质量。

10.4　加强数字金融监管

数字金融监管手段要更加科学化、智能化、国际化，构建标准化数字金融技术标准体系。数字金融赋予了传统金融市场更高的技术价值，这也使得风险问题更多地表现在基于技术的创新金融业务上。首先，支持银行业数字化转型的云计算、人工智能、大数据等新一代信息技术的安全机制尚未完善，P2P 等互联网金融新业态、金融科技企业的安全管理仍处于探索阶段。其次，信息基础设施已然成为数字金融基础设施的重要组成部分，信息基础设施的网络安全将成为引发系统性风险的重要因素。最后，数字金融技术的应用也增加了金融机构的关联性和金融系统的复杂性，因而，所产生的风险具有更大的敏感性和更快的扩散性。可见，随着新兴信息技术的应用与发展，人们对风险的识别也会变得更快、更准确。因此，相应的监管模式也应该有创新的技术工具和相应的技术治理框架，可以智能地实现实时监管。

长三角地区各级政府应在监管框架内建立金融机构间健

全合理的协调机制。金融科技改变了金融市场的进入壁垒，从而改变了市场竞争格局。数字金融监管应充分考虑金融科技的特征因素，能够科学合理地识别技术和数据带来的垄断问题和竞争混乱。现有的金融监管政策不仅要能防范金融风险，保护金融消费者权益，还能营造一个公平的金融竞争环境，以实现金融稳定。因此，有必要在金融监管和竞争政策之间建立协调的治理结构，以实现金融市场稳定和公平。

长三角地区还应构建多层次、监管力度适度的数字金融监管体系。数字金融基于人工智能、区块链、大数据等，具有较强的网络效应、规模效应和尾部效应，可以大幅降低银行业的运营成本，提高交易效率，完善信贷管理体系。其优势有目共睹，但也容易成为法外之地，成为一系列不合规行为的频发地。以区块链为例，区块链相关业务极有可能涉及非法发行代币、非法集资、传销等违法犯罪活动。然而，一旦通过禁止一系列平台来抑制风险的发生，将会陷入"监管悖论"的陷阱。因此，在加强数字金融相关监管体系建设时，有必要构建分级的数字金融监管体系，既保证民营企业技术创新的活力，又保证基于民营企业技术创新的金融业务实施合法合规。

10.5　培育数据和人才要素

加强数字基础设施、信用信息系统数字金融生态系统建设，是夯实数字金融发展的基础。在工业 4.0 时代，数据已然成为资本、人才、知识等传统生产要素之外，一种全新的生产要素。长三角地区各级政府部门应重视数据要素培育，加快建设与完善数字信息基础设施，搭建重点企业、重点产业与重点部门间的数据与公共信息的互联互通。通过建立数据信息资源开放共享的资源平台，为传统金融部门开展数字金融业务创新提供数据要素支撑。

　　长三角地区各级政府部门还应继续建设与完善信用信息基础数据库。推动区域信用信息数据库、市场化征信机构、综合金融服务平台和金融信用信息基础数据库的发展，打通主要互联网借贷平台的连接障碍，实现银行与互联网平台信贷交易的全覆盖。同时，还要拓展数据库信息资源，将参与信贷交易的民营企业的基本信息、企业画像等汇集在一起，实现民营企业信用的多维度评价，有效缓解数字金融服务过程中的信息不对称问题。还应加强数字金融相关法律法规体系建设，为数字金融稳定、创新、持续发展提供法律保障，建成完善的数字金融生态系统。

　　数字金融相关人才培养也是一项重要的基础建设。长三角地区各级政府部门应加大数字金融学专业领域的人才培养力度，设立相关专业，优化人才培养制度，培育出更多掌握数字技术知识、金融知识与创新素养的数字金融从业人员。

10.6　实施差异化区域政策

数字金融与传统金融的主要区别之一是数字金融能够有效识别具有创新能力的民营企业并为其提供精准的金融服务，有效降低金融错配问题。政府部门应该加强服务保障意识，因地制宜，因时施策，加强区域内和区域间的规划协调。根据当地民营企业特点，实施差异化发展战略，为长三角不同地区的不同民营企业提供差异化的技术创新保障服务，给予民营企业充足的决策与发展空间，助力民营企业摆脱创新惰性，充分激发其技术创新潜能。

首先，发展水平较高的地区应进一步发挥其在人工智能、云计算、大数据等技术与资本方面的比较优势，进一步推进数字金融的协调发展，提高协调发展的质量，以更好辐射欠发达地区数字金融发展。其次，欠发达地区要加快弥补数字金融发展的薄弱环节，夯实数字金融发展的基础，缩小区域内发展差异，进而提高该地区的整体发展水平。最后，应充分发挥上海、杭州等市在数字金融协同发展中的桥梁作用，以互联互通的数字金融空间关联网络，带动长三角资本、人才、技术等创新要素的自由流动。搭建数字金融协同发展的交流合作平台，努力打造数字金融协同发展新格局，营造互联互通的、健康有序的协同发展空间网络，进而充分发挥长三角各地区数字金融的创新驱动效应。

参 考 文 献

［1］鲍晓娜，范晓男．实体企业金融化、技术创新与生产率提升——基于中国上市公司的经验研究［J］．科技管理研究，2023，43（8）：133–143.

［2］陈艺斌，郑小丽，李珏．农商银行推动农村普惠金融发展的思考——以福建省内农商银行为例［J］．纳税，2018（12）：148–150.

［3］陈胤默，王喆，张明．数字金融研究国际比较与展望［J］．经济社会体制比较，2021（1）：180–190.

［4］陈悦，陈超美，刘则渊，胡志刚，王贤文．CiteSpace知识图谱的方法论功能［J］．科学学研究，2015，33（2）：242–253.

［5］达潭枫，刘德宇．金融科技、融资约束与民营企业创新投入——基于 A 股上市公司数据的分析［J］．哈尔滨商业大学学报（社会科学版），2023（1）：3–17.

［6］杜勇，张欢，陈建英．金融化对实体企业未来主业发展的影响：促进还是抑制［J］．中国工业经济，2017，357

（12）：113 –131.

［7］段军山，庄旭东．金融投资行为与企业技术创新——动机分析与经验证据［J］．中国工业经济，2021（1）：155 –173.

［8］樊越．内蒙古地区小额贷款公司运营水平及发展问题研究［D］．呼和浩特：内蒙古财经大学，2020.

［9］方福前．中国居民消费需求不足原因研究——基于中国城乡分省数据［J］．中国社会科学，2009（2）：68 –82，205 –206.

［10］傅昌銮，王玉龙．数字金融的涵义、特征及发展趋势探析［J］．产业创新研究，2020（3）：51 –54.

［11］公茂刚，李汉瑾，窦心语．数字普惠金融研究进展、热点探析与趋势展望——基于 Citespace 文献计量分析［J］．兰州学刊，2022（7）：45 –57.

［12］郭珺妍．金融科技发展与企业创新研究［D］．北京：首都经济贸易大学，2021.

［13］郝祥如．数字金融发展对居民消费的影响研究［D］．济南：山东大学，2021.

［14］胡汉辉，申杰．数字经济畅通国内大循环的机制研究——基于消费扩容和效率提升视角［J］．经济体制改革，2022（4）：15 –21.

［15］黄靖雯，陶士贵．以金融科技为核心的新金融形态的内涵：界定、辨析与演进［J］．当代经济管理，2022，44（10）：80 –90.

［16］姜南，李鹏媛，欧忠辉．知识产权保护、数字经济与区域创业活跃度［J］．中国软科学，2021（10）：171 - 181.

［17］蒋天颖，丛海彬，王峥燕，张一青．集群企业网络嵌入对技术创新的影响——基于知识的视角［J］．科研管理，2014，35（11）：26 - 34.

［18］蒋天颖，孙伟，白志欣．基于市场导向的中小微企业竞争优势形成机理——以知识整合和组织创新为中介［J］．科研管理，2013，34（6）：17 - 24，67.

［19］蒋天颖，孙伟．关系嵌入强度、知识吸收能力与集群企业技术创新扩散［J］．情报杂志，2012，31（10）：201 - 207.

［20］蒋天颖，孙伟．网络位置、技术学习与集群企业创新绩效——基于对绍兴纺织产业集群的实证考察［J］．经济地理，2012，32（7）：87 - 92，106.

［21］蒋天颖，王俊江．智力资本、组织学习与企业创新绩效的关系分析［J］．科研管理，2009，30（4）：44 - 50.

［22］蒋天颖，王峥燕，张一青．网络强度、知识转移对集群企业创新绩效的影响［J］．科研管理，2013，34（8）：27 - 34.

［23］蒋天颖，吴福象．基于网络嵌入的高新技术集群企业知识创新研究［J］．情报杂志，2013，32（4）：202 - 207.

［24］蒋天颖，张超，孙平，蒋雄飞．浙江省县域金融创新空间分异及驱动因素［J］．经济地理，2019，39（4）：146 -

154.

[25] 蒋天颖，张一青，王俊江．战略领导行为、学习导向、知识整合和组织创新绩效［J］．科研管理，2009，30（6）：48－55.

[26] 蒋天颖．浙江省区域创新产出空间分异特征及成因［J］．地理研究，2014，33（10）：1825－1836.

[27] 康金红，戴翔．消费升级与价值链攀升：来自我国制造业企业的证据［J］．商业研究，2021（3）：18－25.

[28] 康卫国，李梓峻．数字普惠金融与技术创新——来自企业生命周期的新视角［J］．宏观经济研究，2022，289（12）：21－42.

[29] 孔东民，徐茗丽，孔高文．企业内部薪酬差距与创新［J］．经济研究，2017，52（10）：144－157.

[30] 蓝虹，穆争社．普惠金融的发展实践及其启示［J］．金融与经济，2017（8）：76－81，89.

[31] 雷淳．我国数字金融对中小企业融资约束影响研究［D］．成都：四川大学，2021.

[32] 李寿喜，张珈豪．数字普惠金融、技术创新与城市碳排放强度［J］．华东师范大学学报（哲学社会科学版），2023，55（2）：161－172，178.

[33] 李子君．金融发展、融资约束和企业创新［D］．沈阳：辽宁大学，2021.

[34] 刘程军，蒋天颖，华明浩．智力资本与企业创新关系的 Meta 分析［J］．科研管理，2015，36（1）：72－80.

［35］刘芳嘉．数字普惠金融的发展对商业银行风险承担的影响［D］．太原：山西财经大学，2022.

［36］刘敏，赵公民，褚帅卿．科技金融与科技型中小企业协同演进的可视化研究［J］．科技管理研究，2016，36（12）：34－39，51.

［37］刘学辉．数字金融对企业创新影响的实证研究［D］．杭州：浙江大学，2022.

［38］刘颖琦，王静宇，Kokko Ari．产业联盟中知识转移、技术创新对中国新能源汽车产业发展的影响［J］．中国软科学，2016（5）：1－11.

［39］卢建霖，蒋天颖，傅梦钰．数字金融对绿色创新效率的影响路径［J］．经济地理，2023，43（1）：141－147，235.

［40］卢建霖，蒋天颖．绿色金融、数字化与制造业升级［J］．哈尔滨商业大学学报（社会科学版），2022（4）：44－53.

［41］鲁钊阳，姜世梅．数字金融研究进展与评析［J］．无锡商业职业技术学院学报，2022，22（3）：20－28.

［42］吕岩威，张帅．数字金融对绿色创新效率的影响及传导机制研究［J］．金融论坛，2022，27（8）：52－62，80.

［43］罗晓梅，黄鲁成，王凯．基于 CiteSpace 的战略性新兴产业研究［J］．统计与决策，2015（6）：142－145.

［44］聂秀华，江萍，郑晓佳，吴青．数字金融与区域技术创新水平研究［J］．金融研究，2021（3）：132－150.

［45］宁宇. 数字普惠金融对企业技术创新的非线性影响研究［D］. 长春：吉林大学，2022.

［46］皮洋，胡丁言. 基于量子技术的商业银行数字化转型——以开放银行为例［J］. 中国商论，2022，855（8）：106 - 110.

［47］蒲甘霖. 数字金融助力"双循环"经济发展的驱动路径［J］. 新疆社会科学，2021（5）：46 - 55，162 - 163.

［48］戚聿东，张倩琳，于潇宇. 高管海外经历促进技术创新的机理与路径［J］. 经济学动态，2023（2）：52 - 70.

［49］钱雨欣. 数字普惠金融发展与中小企业融资约束［D］. 杭州：浙江大学，2022.

［50］卿陶. 知识产权保护、集聚差异与企业创新［J］. 经济学报，2023，10（1）：15 - 46.

［51］任倩倩. 金融科技背景下商业银行数字化转型策略研究［J］. 北方经贸，2023，460（3）：85 - 88.

［52］施放，王静波，蒋天颖. 企业社会网络关系嵌入对技术创新能力影响的实证研究——基于不同技术创新阶段的视角［J］. 浙江社会科学，2014（1）：79 - 86，95，157.

［53］孙济潍，沈悦. 数字金融如何影响实体企业金融投资？——异质性特征、机制检验与动机识别［J］. 现代经济探讨，2021，477（9）：56 - 68.

［54］孙灵燕. 数字金融对传统金融业的变革性影响与转型路径［J］. 东岳论丛，2023，44（3）：141 - 148，192.

［55］孙平. 大数据驱动的P2P网络借贷成功率模型与仿

真研究 ［J］. 宁波工程学院学报，2020，32（3）：20 –
26，71.

［56］孙平. 区域金融创新综合评价、空间差异及影响机制 ［M］. 北京：中国财政经济出版社，2020.

［57］孙平. 一带一路境外园区进入高质量发展新阶段 ［N］. 中国社会科学报，2020 – 09 – 10.

［58］孙平. 浙江省普惠金融发展格局及影响因素研究 ［J］. 中国市场，2016（25）：22 – 24，27.

［59］汤萱，高星. 数字金融如何促进民营企业成长——基于金融监管与管理者能力的调节效应 ［J］. 求是学刊，2022，49（5）：71 – 84.

［60］唐松，伍旭川，祝佳. 数字金融与企业技术创新——结构特征、机制识别与金融监管下的效应差异 ［J］. 管理世界，2020，36（5）：52 – 66，9.

［61］滕磊. 数字普惠金融视角下中小企业融资约束问题研究 ［D］. 成都：四川大学，2021.

［62］王定祥，胡小英. 数字金融研究进展：源起、影响、挑战与展望 ［J］. 西南大学学报（社会科学版），2023，49（1）：101 – 110.

［63］王国刚. 从金融功能看融资、普惠和服务"三农" ［J］. 中国农村经济，2018（3）：2 – 14.

［64］王茜欣. 数字金融对商业银行风险承担的影响研究 ［D］. 长春：吉林大学，2022.

［65］王瑞霞. 我国数字金融监管法律问题研究 ［D］.

石家庄：河北经贸大学，2022.

[66] 王双林. 试谈中国特色社会主义产权交易之"源"（三）[J]. 产权导刊，2018（3）：34-41.

[67] 王霄，邱星宇，叶涛. 数字金融能提升民营企业创新吗？——基于动态能力理论的实证研究 [J]. 南京财经大学学报，2021，232（6）：45-55.

[68] 王小燕，张俊英，王醒男. 金融科技、企业生命周期与技术创新——异质性特征、机制检验与政府监管绩效评估 [J]. 金融经济学研究，2019，34（5）：93-108.

[69] 温忠麟，方杰，谢晋艳，等. 国内中介效应的方法学研究 [J]. 心理科学进展，2022，30（8）：1692-1702.

[70] 文红星. 数字普惠金融破解中小企业融资困境的理论逻辑与实践路径 [J]. 当代经济研究，2021（12）：103-111.

[71] 吴绪成，陈诗一，李诗涵. 政府补贴对高新技术企业创新的促进效果研究 [J]. 复旦学报（社会科学版），2023，65（2）：119-128.

[72] 吴舟，夏管军. 企业技术创新的影响因素分析 [J]. 现代经济信息，2013（11）：108-109，125.

[73] 谢雪燕，朱晓阳. 数字金融与中小企业技术创新——来自新三板企业的证据 [J]. 国际金融研究，2021（1）：87-96.

[74] 谢源祁，刘辉. 数字金融发展对县域农业经济增长的影响研究 [J]. 技术经济与管理研究，2023（3）：104-

109.

[75] 辛仰桓. 数字金融发展对商业银行风险承担的影响研究 [D]. 济南：山东财经大学，2022.

[76] 邢乐成，赵建. 多维视角下的中国普惠金融：概念梳理与理论框架 [J]. 清华大学学报（哲学社会科学版），2019，34（1）：164－172，198.

[77] 徐维祥，徐志雄，刘程军. 基于随机前沿分析的环境规制效率异质性研究 [J]. 地理科学，2021，41（11）：1959－1968.

[78] 许鑫，冯诗惠. 互联网金融领域研究热点与前沿探讨——基于 Citespace 的分析 [J]. 华东师范大学学报（哲学社会科学版），2015，47（2）：133－139，172.

[79] 许振亮. 50 年来国际技术创新研究的可视化计量分析——基于作者共被引分析视角 [J]. 科研管理，2011，32（5）：17－28.

[80] 许治，王思卉. 中国各省份出口商品技术复杂度的动态演进 [J]. 中国工业经济，2013（8）：44－56.

[81] 杨雯. 大银行在推进普惠金融发展中的作用 [J]. 金融理论与教学，2017（1）：30－34.

[82] 杨晓军，陈浩. 中国城乡基本公共服务均等化的区域差异及收敛性 [J]. 数量经济技术经济研究，2020，37（12）：127－145.

[83] 姚战琪. 产业数字化转型对消费升级和零售行业绩效的影响 [J]. 哈尔滨工业大学学报（社会科学版），2021，

23 (4)：143 –151.

［84］叶诗芸．金融科技、企业风险承担与企业价值 ［D］．杭州：浙江财经大学，2022.

［85］尹西明，李楠，陈万思，陈劲．新中国 70 年技术创新研究知识图谱分析与展望 ［J］．科学学与科学技术管理，2019，40 (12)：19 –34.

［86］余江，徐梓峰，叶林．企业规模、市场结构与技术创新：对两个熊彼特假说的再考察 ［J］．贵州财经大学学报，2023 (3)：60 –70.

［87］余进韬．数字金融的经济增长效应及其机制研究 ［D］．成都：四川大学，2022.

［88］余进韬，张蕊，龚星宇．数字金融如何影响绿色全要素生产率？——动态特征、机制识别与空间效应 ［J］．当代经济科学，2022，44 (6)：42 –56.

［89］余明桂，李文贵，潘红波．管理者过度自信与企业风险承担 ［J］．金融研究，2013，391 (1)：149 –163.

［90］翟泓智．数字普惠金融发展对中小企业价值的影响研究 ［D］．济南：山东大学，2022.

［91］张晨雪．数字普惠金融影响农民收入的激励效应分析 ［J］．中国物价，2022 (9)：86 –88.

［92］张清．数字普惠金融的创新、风险与监管研究 ［D］．成都：西华大学，2020.

［93］张勋，万广华，张佳佳，等．数字经济、普惠金融与包容性增长 ［J］．经济研究，2019，54 (8)：71 –86.

［94］赵亚雄.中国数字金融发展的减贫效应研究［D］.
长沙：湖南大学，2021.

［95］郑金辉，徐维祥，刘程军.数字金融、企业家精神
与长三角民营实体经济高质量发展［J］.财经论丛，2023
（5）：47－56.

［96］郑祖婷，杨士瑶.数字金融服务生态经济对策研究
［J］.科技创业月刊，2023，36（3）：129－131.

［97］周升师.数字金融发展与企业现金持有调整——来
自中国上市企业的经验证据［J］.财经论丛，2022，284
（4）：69－80.

［98］周晓辉.数字经济影响中小企业技术创新的机理与
效应研究［D］.天津：南开大学，2022.

［99］朱建江.以普惠金融助推上海乡村振兴［J］.上海
农村经济，2019（2）：7－10.

［100］朱俊丰.数字金融对企业技术创新的效应识别与
机制检验［J］.统计与决策，2023，39（7）：173－178.

［101］Beck T, Demirgüç-Kunt A, Maksimovic V. Financing
patterns around the world：Are small firms different? ［J］. Journal
of Financial Economics, 2008, 89（3）：467－487.

［102］Beck T, Pamuk H, Ramrattan R, et al. Payment in-
struments, finance and development ［J］. Journal of Development
Economics, 2018（133）：162－186.

［103］Berger A N, Udell G F. A more complete conceptual
framework for SME finance ［J］. Journal of Banking & Finance,

2006, 30 (11): 2945 –2966.

[104] Bettinger A. Fintech: A series of 40 time shared models used at Manufacturers Hanover Trust Company [J]. Interfaces, 1972, 2 (4): 62 –63.

[105] Bilan Y, Rubanov P, Vasylieva T A, et al. The influence of industry 4.0 on financial services: Determinants of alternative finance development [J]. Polish Journal of Management Studies, 2019, 19 (1): 70 –93.

[106] Brown J R, Martinsson G, Petersen B C. Do financing constraints matter for R&D? New tests and evidence [D]. Iowa State University, Working Paper, 2010.

[107] Buera F J, Shin Y. Financial frictions and the persistence of history: A quantitative exploration [J]. Journal of Political Economy, 2013, 121 (2): 221 –272.

[108] Calantone R J, Cavusgil S T, Zhao Y. Learning orientation, firm innovation capability, and firm performance [J]. Industrial Marketing Management, 2002, 31 (6): 515 –524.

[109] Caselli F, Coleman II W J. The world technology frontier [J]. American Economic Review, 2006, 96 (3): 499 –522.

[110] Chowdhury R H, Maung M. Financial market development and the effectiveness of R&D investment: Evidence from developed and emerging countries [J]. Research in International Business and Finance, 2012, 26 (2): 258 –272.

［111］Demertzis M, Merler S, Wolff G B. Capital Markets Union and the fintech opportunity ［J］. Journal of Financial Regulation, 2018, 4（1）: 157 – 165.

［112］Fuster A, Plosser M, Schnabl P, et al. The role of technology in mortgage lending ［J］. The Review of Financial Studies, 2019, 32（5）: 1854 – 1899.

［113］Goldstein I, Jiang W, Karolyi G A. To FinTech and beyond ［J］. The Review of Financial Studies, 2019, 32（5）: 1647 – 1661.

［114］Gomber P, Kauffman R J, Parker C, et al. On the fintech revolution: Interpreting the forces of innovation, disruption, and transformation in financial services ［J］. Journal of Management Information Systems, 2018, 35（1）: 220 – 265.

［115］Gomber P, Kauffman R J, Parker C, et al. On the fintech revolution: Interpreting the forces of innovation, disruption, and transformation in financial services ［J］. Journal of Management Information Systems, 2018, 35（1）: 220 – 265.

［116］Gomber P, Koch J A, Siering M. Digital Finance and FinTech: Current research and future research directions ［J］. Journal of Business Economics, 2017（87）: 537 – 580.

［117］Hadlock C J, Pierce J R. New evidence on measuring financial constraints: Moving beyond the KZ index ［J］. The Review of Financial Studies, 2010, 23（5）: 1909 – 1940.

［118］Hottenrott H, Peters B. Innovative capability and financing constraints for innovation: more money, more innovation? [J]. Review of Economics and Statistics, 2012, 94 (4): 1126 – 1142.

[119] Hsu P H, Tian X, Xu Y. Financial development and innovation: Cross-country evidence [J]. Journal of Financial Economics, 2014, 112 (1): 116 – 135.

[120] Kahneman D, Lovallo D. Timid choices and bold forecasts: A cognitive perspective on risk taking [J]. Management Science, 1993, 39 (1): 17 – 31.

[121] Klomp L, Van Leeuwen G. Linking innovation and firm performance: A new approach [J]. International Journal of the Economics of Business, 2001, 8 (3): 343 – 364.

[122] Lin M, Prabhala N R, Viswanathan S. Judging borrowers by the company they keep: Friendship networks and information asymmetry in online peer-to-peer lending [J]. Management Science, 2013, 59 (1): 17 – 35.

[123] Lv C, Shao C, Lee C C. Green technology innovation and financial development: Do environmental regulation and innovation output matter? [J]. Energy Economics, 2021 (98): 1 – 14.

[124] Marvel M R, Lumpkin G T. Technology entrepreneurs' human capital and its effects on innovation radicalness [J]. Entrepreneurship Theory and Practice, 2007, 31 (6): 807 – 828.

[125] McKinley W, Latham S, Braun M. Organizational

decline and innovation: Turnarounds and downward spirals [J].
Academy of Management Review, 2014, 39 (1): 88 – 110.

[126] Meierrieks D. Financial development and innovation:
Is there evidence of a Schumpeterian finance-innovation nexus?
[J]. Annals of Economics & Finance, 2014, 15 (2): 61 – 81.

[127] Mollica M, Zingales L. The impact of venture capital
on innovation and the creation of new businesses [D]. Unpub-
lished working paper, University of Chicago, 2007.

[128] Psarrakis D, Kaili E. Funding innovation in the era of
weak financial intermediation: Crowdfunding and ICOs for SMEs
in the context of the capital markets union [J]. New Models of Fi-
nancing and Financial Reporting for European SMEs: A
Practitioner's View, 2019 (8): 71 – 82.

[129] Rosenblatt M. Remarks on some nonparametric esti-
mates of a density function [J]. The Annals of Mathematical Statis-
tics, 1956, 27 (3): 832 – 837.

[130] Sokol M. Financialisation, financial chains and une-
ven geographical development: Towards a research agenda [J].
Research in International Business and Finance, 2017 (39):
678 – 685.

[131] Whited T M, Wu G. Financial constraints risk [J].
The Review of Financial Studies, 2006, 19 (2): 531 – 559.

[132] Yakubu Z, Loganathan N, Mursitama T N, et
al. Financial liberalisation, political stability, and economic deter-

minants of real economic growth in Kenya ［J］. Energies, 2020, 13 (13): 1 –16.

［133］ Zhu X, Asimakopoulos S, Kim J. Financial development and innovation-led growth: Is too much finance better? ［J］. Journal of International Money and Finance, 2020 (100): 1 – 24.